U0094241

# 买一只
# 好基金

蓝山云 ◎ 著

# 从入门到精通

+2.850
+8.5391
+6.2810   +2.0482
+1.9809
-3.8401
+5.3717   +6.2919
-4.9957
+2.4839   -2.0128
45

中国铁道出版社有限公司

CHINA RAILWAY PUBLISHING HOUSE CO., LTD.

**图书在版编目（CIP）数据**

买一只好基金：从入门到精通 / 蓝山云著. — 北京：
中国铁道出版社有限公司, 2023.12
ISBN 978-7-113-30592-5

Ⅰ. ①买… Ⅱ. ①蓝… Ⅲ. ①基金–投资–基本知识
Ⅳ. ①F830.59

中国国家版本馆CIP数据核字（2023）第187070号

书　　名：买一只好基金——从入门到精通
　　　　　MAI YI ZHI HAO JIJIN：CONG RUMEN DAO JINGTONG
作　　者：蓝山云

责任编辑：张亚慧　编辑部电话：（010）51873035　电子邮箱：lampard@vip.163.com
封面设计：宿　萌
责任校对：苗　丹
责任印制：赵星辰

出版发行：中国铁道出版社有限公司（100054，北京市西城区右安门西街 8 号）
网　　址：http://www.tdpress.com
印　　刷：北京盛通印刷股份有限公司
版　　次：2023 年 12 月第 1 版　2023 年 12 月第 1 次印刷
开　　本：710 mm×1 000 mm　1/16　印张：13　字数：200 千
书　　号：ISBN 978-7-113-30592-5
定　　价：69.00 元

# 前　言。————————————————————————

现在一说到基金投资，大多数人都能给你说很多，俨然一副专家面孔。不过，我想说的是，大部分基金投资者都是半瓶水——响叮当，或者一知半解，造成了基金赚钱、基民亏钱的局面。然后，他们把希望继续寄托在寻找所谓的明星基金或明星基金经理上，甚至直接选择网红基金投资，最后亏得一塌糊涂。

大家理性地想一想，你自己都没有搞懂的买卖，在高手如云的资本市场上，你凭什么能胜利？是靠运气还是靠乱拳打死"老师傅"？大家一定要明白，投资理财除了赚取市场行情和基准利率上涨的钱，还有一部分是我们赚取的别人口袋里的钱。前者虽然是被动收益，但是专业投资者比你看得更准、拿捏得更快，他们顺手就能赚到，且不费吹灰之力，而不懂或半懂的你可能需要靠撞大运才能赚到。

后者是斗智斗勇的游戏，如果你的方法没有别人的方法高明，或者你掌握的方法没有别人掌握的方法多，那么你口袋里的钱自然会被别人拿走，探囊取物而已。因此，你要想赚钱就必须体系化地学习以掌握基金的投资方法和技巧。

我之所以要强调体系化的学习，而不建议大家去听专家们的分析推荐，主要因为他们讲解的知识是碎片化的内容，听起来有道理，但是对于实战的你完全不实用。

当然，我不赞同那种学术研究型的学习，也不赞同一开始就学习那些"看山不是山"的高修为投资方法，原因无非三点：一是你完全看不懂且枯燥乏味；二是你大概率会觉得"大师"是在"论道"，其实是你的修为不够；三是个人的投资体系不一样，成长历程不一样，对"大师"本人也许是"蜜糖"，但对你而言可能是"砒霜"。我更赞同稳扎稳打的实战型学习，用看得见、摸得着的方式去赚取那一份"脑力"钱。因此,实际投资怎么操作我就怎么讲解,不会给大家讲解那些难懂的原理,就像我会直接告诉大家 1+1=2,而不会告诉大家如何理解 1+1=2 或者 1+1=2 是如何计算出来的。

本书的出发点特别简单:帮助大家掌握基金投资的游戏规则,建立自己的交易体系,比如稳健收益如何选择基金、高收益如何搭配基金、组合投资如何使用策略等,然后严格执行、灵活应用、胸有成竹、波澜不惊,最终实现自己的投资预期或目标。

最后,大家在学习本书内容时,我有几点建议:

一是不要死记硬背,要理解其中的逻辑,比如在投资组合中,如何在分配风险时把稳健型投资手段、低风险投资手段和高风险投资手段进行融合和变通。

二是要根据自己的资本、目标和市场情况灵活变通地运用各种投资方法和策略,不要生搬硬套。

三是在学习的过程中逐步建立自己的交易体系,形成自己的交易准则,并严格遵守。

四是敬畏市场,不要以为自己懂了、会了,就是天下第一,否则市场会伸出无情的双手"教育"你。

作　者

2023 年 9 月

# | 目 录 |

# 第1章

# 树立正确的投资理财观念

2021 年是基金大火的一年，仅新基金规模已经超过 3 万亿元，公募基金总规模为 24.8 万亿元。在强大的赚钱效应刺激下，累计超过 6 亿人进入金融市场投资基金，掀起了一股基金投资热潮；很多人都会谈论基金话题，也造就了一批明星基金、明星基金经理，甚至推动了很多人考取基金从业资格证的行为。

我相信很多人可能是被基金的赚钱效应吸引，才会更愿意进入基金市场投资的，让自己也能分一杯羹。其实，大家在真正进入基金市场投资理财前，需要先为自己浇一盆凉水，要知道不是每个人都能通过基金赚钱的，只有那些真正懂投资技术、技巧和策略的人才能赚钱，其他人可能只是陪跑或送钱。因此，我们首先要树立正确的投资理财观念。

## 1.1 普通人要有财可理才行

大部分人投资理财的目的很单一，就是赚钱。虽然这种投资观点太急功近利或险隘（购买股票、基金其实还有更大的作用，就是为企业"浇水助力"让其成长，为社会提供优质的产品和服务，再促使股票、基金的价格进一步上调），但又是很多人非常现实的目标，比如投资赚钱去买个包、旅游、买衣服、各种生活开支等。最终的理想目标无非就是两个：一是实现财务自由；二是获得稳定的现金流。

其中，财务自由又可以分为很多种自由，比如菜篮子自由、衣服自由、旅游自由、车房自由等，最终实现不用靠工资来支撑生活和维持生活质量；稳定的现金流可简单理解为我们能支配的金钱收益或资产，我们无论是年轻还是老去，都能有稳定的收入，不会出现年轻时有很多钱财可以支配而生活得很滋润，晚年时不能凭借劳动赚钱而过得穷困潦倒的局面。

在很多帖子或网文中，我们经常看到一些理财专家教大家如何从生活中"省钱"投资，如一件衣服穿十几年、一双袜子穿几年等，甚至出现了"抠抠吧"，专门讨论和分享如何用最少的钱来维持基本的生存，把剩余的钱用来储蓄或投资理财。如果你真过上了这样的生活，那有什么意义？一是这种省吃俭用的资金不适合投资理财，在投资过程中也会因为一点点"风吹草动"着急赎回基金从而影响收益；二是投资本金也没有多少，即使投资理财收益率再高，也没有多少收益。

我能理解大部分人的收入都靠工资，如果你的资金只有几万元，就先投资自己，多多学习提升自己，提高收入、多积攒本金，不要急于投资，因为几万元投资一年的收益也没有多少，比如 2 万元投资，一年以 10% 的收益率计，一年收益才 2 000 元，也不能对生活有多大的改善，反而还要承受风险。如果你的资金有几十万元、几百万元或上千万元，收益就会多很多，也能抵抗风险。

　　我的观点是：当你的理财成本至少是你几年工资收入的总和时，才逐渐开始进入投资理财圈，并且在之前做好三个方面的准备：一是学习研究你中意的投资行业或公司，做好必要的知识储备；二是做好理财资本的规划，弄清楚自己的收入与支出，并不断增加收入（+），让其大于支出（−），如下表所示；三是坚持用闲钱投资，不要等着投资的钱或分红的钱去"买菜买肉吃"，这些开销应该提前留足。

| 流入（+） | 流出（−） |
| --- | --- |
| 工资 | 房租 |
| 福利津贴 | 交通费 |
| 兼职副业 | 社交费 |
| 版权收益 | 教育费 |
| 储蓄收益 | 旅游 |
| 企业分红 | 化妆品支出 |
| 奖金 | 慈善捐赠 |
| …… | 抚养费 |
| | 赡养费 |
| | 电话费、网费 |
| | …… |

　　我建议在投资理财资本足够前，先让工资收入积淀成我们投资的第一桶金，并控制风险在自身承受能力范围内，逐渐进入工资收入与资产增值收益阶段，然后单靠资产增值养成一只"金鸡"，最后向这只下蛋的"金鸡"要钱。

## 1.2　普通人如何建立自己的资金池

　　绝大多数普通人赚钱的方式都可以用一个的词来概括——出售，有的人出售的是体力，有的人出售的是脑力，有的人出售的是影响力，有的人出售的是股权、期权、专利等，比如上班族就是在出售自己的上班时间、体力和脑力。由于出售的"东西"不一样，赚钱的多少肯定不一样，而且整体上的差距随着时间的推移逐渐变大。

对于普通人如何才能建立自己的资金池，我在这里介绍三种方法：一是把自己变得稀有，"出售"个好价钱；二是增加资产；三是控制负债。

### 1. 把自己变得稀有，"出售"个好价钱

"知识改变命运"这句话我们从小就知道，大部分人通过接受良好的教育获得了好的工作岗位，改变了自己原本的分工。在高等教育普及前，一个大学生能凭借自己的学历找到非常不错的岗位；不过，随着高等教育的普及，大家又回到了同一起跑线，又变得不那么有竞争力了。

在这种大环境下，大家都明白要不断地充电学习，要比别人掌握更多的知识与技能，从而超过其他人，让自己的身价得到提高。不过，我在这里提醒各位，所有的充电学习最好向稀有的方向发展，而不要平行发展，比如酒店服务员变成汽车修理工、办公室文员发展成人力资源助理。

怎样变得稀有呢？比如本科变硕士、职员变老板、卖实物变成卖影响力等，不断地把自己的不可替代性变得越来越重，那么自己的身价肯定越来越高。

### 2. 增加资产

这里介绍的资产不是你买的东西或物件，而是那些能让你增值或创造收入的东西（赚取的收入大于它的消耗和维护成本），比如购买一辆可以用来跑运输赚钱的货车、购买一款能赚钱的翻译软件、雇用一名能为你赚取收益的人员、持有出租收益较好的店面等。这样的资产越多，你的资金池就会积累得越快。

### 3. 控制负债

这里的负债与资产相对应，它是指那些赚取的收入小于维护消耗的所有，比如一辆除去维护保养后亏钱的运输车辆等都是负债。对于这些负债，除了必要的保留，其他的都可以减少，以堵住资金池的漏洞。

## 1.3 测试自身的风险承受能力

"投资有风险，入局需谨慎。"这句话就是提醒大家要客观了解自己的风险承受能力，特别是普通人要明白，当个人资产还不是那么多时，风险对自

己意味着什么。因此，在投资前一定要问问自己有没有足够的风险承受能力，万一亏了是否会影响自己的正常生活，毕竟生活中的柴、米、油、盐、酱、醋、茶都要用钱来买；同时问问自己愿意承担多大的风险，比如愿意承担低风险、中风险或高风险。

那些个人资产多、工作收入稳定或没有成家的朋友肯定比那些个人资产少、工作收入不稳定或已经成家的朋友承受风险的能力要强一些。当然，如果你的资产很多，那么你的风险承受能力肯定很高，即使亏损很大也只是纸面财富的损失，大不了从头再来，完全不影响正常的生活。不过，普通人的第一桶金都来之不易，因此需要更加客观地测试和评估自己的风险承受能力，同时不要只看到高收益而愿意冒高风险，在承受范围内控制风险承受意识，否则一点浮亏可能就会引起很大的精神负担，出现无心工作、焦躁和失眠等情况。

我建议，当你的个人资产较少时，一定要控制住承担风险的意识，尽量倾向于风险低一些的理财产品，不要抱着侥幸心态去赌一把，幻想着一夜暴富、改变命运，结局往往是亏得很惨。

当然，风险承受能力和意愿会随着个人资产实力和经验的增多而发生变化，轻车熟路时自然能在风险面前镇定自若、灵活应对。下面是一份风险测评表的部分内容，大家可以对照评估自己的风险承受能力。

### 基金投资者风险测评问卷（个人版）

投资者姓名：_____　　　　填写日期：_____

一、重要提示

风险提示：基金投资需承担各类风险，本金可能遭受损失。同时，还要考虑市场风险、信用风险、流动风险、操作风险等各类投资风险。您在基金认购过程中应当注意核对自己的风险识别和风险承受能力，选择与自己风险识别能力和风险承受能力相匹配的私募基金。

1. 您的主要收入来源是（　　）。

A. 工资、劳务报酬

B. 生产经营所得

C.利息、股息、转让等金融性资产收入

D.出租、出售房地产等非金融性资产收入

E.无固定收入

2.您的家庭可支配年收入为 (　　)( 折合人民币)。

A.50 万元以下

B.50 万 ~100 万元

C.100 万 ~500 万元

D.500 万 ~1 000 万元

E.1 000 万元以上

3.在您每年的家庭可支配收入中，可用于金融投资 ( 储蓄存款除外) 的比例为 (　　)。

A. 小于 10%

B.10%~25%

C.25%~50%

D. 大于 50%

4.您是否有尚未清偿的数额较大的债务，如有，其性质是 (　　)。

A. 没有

B. 有，住房抵押贷款等长期定额债务

C. 有，信用卡欠款、消费信贷等短期信用债务

D. 有，亲戚朋友借款

5.您的投资知识可描述为 (　　)。

A. 有限：基本没有金融产品方面的知识

B. 一般：对金融产品及其相关风险具有基本的知识和理解

C. 丰富：对金融产品及其相关风险具有丰富的知识和理解

6.以下哪项描述最符合您的投资态度 (　　)？

A. 厌恶风险，不希望本金损失，希望获得稳定回报

B. 保守投资，不希望本金损失，愿意承担一定幅度的收益波动

C. 寻求资金的较高收益和成长性，愿意为此承担有限本金损失

D. 希望赚取高回报，愿意为此承担较大本金损失

7.假设有两种投资：投资A预期获得10%的收益，可能承担的损失非常小；投资B预期获得30%的收益，但可能承担较大亏损。您会怎么支配您的投资（　　）？

A.全部投资于收益较小且风险较小的A

B.同时投资于A和B，但大部分资金投资于收益较小且风险较小的A

C.同时投资于A和B，但大部分资金投资于收益较大且风险较大的B

D.全部投资于收益较大且风险较大的B

8.您认为自己能承受的最大投资损失是（　　）？

A.10%以内

B.10%~30%

C.30%~50%

D.超过50%

9.您计划的投资期限是（　　）？

A.1年以下

B.1~3年

C.3~5年

D.5年以上

10.您打算重点投资哪些种类的投资品种（　　）？

A.债券、货币市场基金、债券基金等固定收益类投资品种

B.股票、混合型基金、股票型基金等权益类投资品种

C.期货、期权等金融衍生品

D.主要投资于种子期、初创期、成长期的未上市企业股权的创业投资基金、股权投资基金

E.主要投资于成熟期或拟上市公司股权的股权投资基金

F.主要投资于非标资产（应收账款、收益权、承兑汇票、托贷款、非标债权等）的其他投资基金

G.其他产品或者服务

## 1.4　投资理财的目标

投资理财的目标很简单，就是赚钱，但是，要赚多少钱才算满意，确实是一个值得讨论的问题。有的人会把买车、买房、子女教育作为投资目标值；有的人会把长期收益率定位在 20%，把短期收益率定位在 50%。其实，我们作为普通投资者，不能错误地评估自己的能力，一定要把投资理财的预期目标设置得理性一些，而不是许愿，更不是成为第二个巴菲特或芒格。毕竟开放式基金从成立到现在的长期年化复合收益率才 13%，绝大多数基民的年化复合收益率还达不到这个数字，甚至有些投资者会亏本或持平。

因此，作为普通投资者，我们在设置投资目标时一定要理性，达到保值和增值的目标就算小成功，如果能超越市场平均收益率就是锦上添花了。具体标准可以参考如下几点。

一是跑赢银行定期收益率。比如 2020 年的银行定期收益率在 2% 左右，定存 10 000 元一年的收益为 200 元左右，因此，我们的基金投资收益率可以设定为略高于 2%，比如 4%、4.5% 等。如果低于银行定期收益率，那为何不直接把钱存在银行里呢？

二是跑赢通货膨胀率。通货膨胀率高低带动货币的贬值高低，直接决定货币购买力的高低。比如 2.2% 的通货膨胀率意味着 100 元只能购买 97.8 元的东西，所以，基金投资的收益目标一定要高于 2.2%。

三是超越市场平均收益率。比如市场平均收益率为 6%，那么，我们的投资目标收益就可以设定为 6% 左右。虽然不容易实现，但是我们可以通过长期投资和选择优质基金品种来实现。当然，不同的基金品种要设置不同的收益目标，比如货币型基金的收益目标一定低于股票型基金的收益目标，毕竟收益与风险是相对应的，风险越高收益越高，风险越低收益越低。

## 1.5　投资理财的对象

我们在进行投资理财的时候，有哪些资产可以选择？也就是我们可以把钱投到哪些资产上? 投资理财的选项主要有四大类: 股票市场、固定收益类（债券市场）、其他固定收益类和大宗商品类。

### 1. 股票

股票市场最为典型的是 A 股和美股，还有其他国家的一些股票。目前 A 股的沪深 300 的收益率大概是 12%（平均值），而美股的收益率大概是 8%。

### 2. 固定收益类金融产品

固定收益类最为典型的是债券市场，债券又分为利率债和信用债，利率债主要指的是国债和政府债，而信用债主要指的是工资债和企业债。工资债和企业债的风险肯定要高于国债和政府债的风险，也就是信用债的风险高于利率债的风险。

### 3. 其他固定收益类金融产品

其他固定收益类主要包括四个方面: 定期存款、定期理财、房产和地产。

### 4. 大宗商品类

大宗商品类主要包括能源类、基础原材料类、贵金属和农产品类。

对于普通人而言，最能够得着的是前面三类，同时，其他固定收益类中的定期存款和定期理财操作非常简单，直接到银行就能办理，不需要太多的技术要求；而房产和地产的准入门槛较高，一旦政策变化或买卖比不能达到 1 : 30，就会出现较大亏损。因此，留给我们的选项只有股票市场和债券市场。

如果大家作为非专业人士进入股市变成一个散户，则常常会掉入"7 亏 2 平 1 赚"的旋涡，由于资金少、规模小，亏损反而会更多，也就意味着规模小的投资者亏损的概率更大。前面虽然提到股市的平均收益率大概是 12%，指数点位也在曲折上涨，但什么时候买入（择时）、什么时候卖出等都很难掌握，一旦在高位买入，大家很可能在长时间里都不能获得一个好的收益，甚至会巨额亏本（割肉）。

同时，还有个股和市场的差异，比如买了问题股，就意味着踩雷，直接面临亏损。即使市场、经济整体向好，但并不代表每家公司的个股都是向好的。

这对于散户如何选择个股确实是一个很大的挑战。

另外，还有投资者自身的风险，比如购买了乐视的股票，遇到基本面不好的情况，投资者可能要及时离场，哪怕没有明显的亏损，或者后期可能会将浮亏弥补起来，但由于自身判断失误草草离场，导致这个亏损成为既定事实。当然，这里面还有耐心的缺乏。很多人可能想去股市里捞一把而频繁操作，每天或隔几天就去交易一次，追涨杀跌，像逛菜市场一样（约85%的交易量是由散户来创造的）。甚至有些投资者可能刚开始进入股市时信心满满，有着明确的投资目标，但是经过股市上涨和下跌的摧残，便慢慢地失去了目标，把股票交易当作赌博。

总之，普通投资者进入股市，因为不专业会面临各种问题，甚至不是问题的操作都变成了问题。所以，基金投资是普通人投资较为理想的选项，既可以避免自己本身不太专业，又可以分享股市红利。

# 1.6 做复利的信徒，美好的事物需要等待

"复利是世界第八大奇迹。"在看到这句话时，对复利不大了解的朋友可能会产生疑问：复利真有这么厉害吗？

接下来将为你揭开复利的神秘面纱。

### 1.什么是复利

复利是指在计算利息时，某一计息周期的利息是由本金加上先前周期所积累的利息总额来计算的计息方式，也就是通常所说的"利滚利"。

比如存入银行10万元，假如年化收益率为3%，那么一年后将会产生 $100\,000 \times 3\% = 3\,000$（元）的利息。第二年再存一年，我们的本金则为 $103\,000$ 元，而不是10万元，获得的利息为 $103\,000 \times 3\% = 3\,090$（元）。两年加在一起的利息为 $3\,000 + 3\,090 = 6\,090$（元），而不是 $100\,000 \times (3\% + 3\%) = 6\,000$（元）。

### 2.复利的效果

我们可以计算一下，假设你有100万元，年化收益率是15%。

一年后你拥有的资产为：$100×1.15=115$（万元）。

两年后你拥有的资产为：$100×1.15^2=132.25$（万元）。

三年后你拥有的资产为：$100×1.15^3=152.0875$（万元）。

依次类推，10 年后你拥有的资产为：$100×1.15^{10}=404.555774$（万元）。

依次类推，30 年后你拥有的资产约为 6 621 万元。

你是否对这个数字感到非常吃惊？当我刚学理财的时候，同样惊掉了下巴。那时的我从来没想过复利的威力竟然如此巨大，以至于我又计算了一遍。当我得出的结论和复利计算公式给出的答案一致时，我开始相信这就是事实。后来我也明白了为何巴菲特用平均年化 23% 的复利就坐到了世界首富的位置。

巴菲特在众多场合下介绍自己的成功源于稳定的盈利，并和时间做朋友，对此我深信不疑。

因此，我们必须牢牢记住两个方向：第一，稳定的获利能力；第二，耐心等待资产复利为我们创造财富。

## 1.7　杀鸡取卵的人不适合做投资

养基和养鸡差不多，只不过基金的收益不像母鸡下蛋那么规律，但从长期来讲，基金就是一只下蛋的母鸡，而且它的产蛋能力还取决于你如何对待它。

如果你有一只规模为 10 万元的基金，年化收益率为 15%，那么第一年你就可以得到 1.5 万元的金蛋。假如你把这 1.5 万元的金蛋取出来花掉了，那么明年这只基金的规模还是 10 万元，它没有变小，也没有长大。

假如你没有把这 1.5 万元的金蛋取出来，而是把它留存到基金的体内，那么明年这只基金就长大到 11.5 万元。如果按 15% 的下蛋量，第二年你就可以得到 1.725 万元的金蛋，它下蛋的能力提升了。

假如你不仅没有取出这 1.5 万元的金蛋，而且还拿每个月的工资喂养了它 5 万元，那么第二年它就长大到 16.5 万元。如果按 15% 的下蛋量，第二年你就可以得到 2.475 万元的金蛋，它下蛋的能力更强了。

假如你不仅把这 1.5 万元的金蛋取出来花掉了，而且把整个基金都赎回了，那么下金蛋的"基"也就不复存在了。

一般来说，在你的基金还小的时候，你不仅不能取金蛋，最好还要拿你的工资收入去喂养它，让它尽快长大。

等你的基金成长到一定程度时，它下金蛋的能力就比较可观了，比如可以和你的工资收入平分秋色，这时你继续喂养它的必要性就慢慢变弱了。当然，这取决于你的现金流是怎样的，如果你在保证生活质量的同时还有现金净流入，那么你也可以继续喂养它。

等你的基金成长到比较大的时候，它下金蛋的能力非常强了，比如远远高于你的工资收入，这时它就变成了一只取之不尽、用之不竭的母鸡。它下 10 个金蛋，你取 5 个就够花了，这样你既改善了生活，它也在继续成长。所谓的财务自由，其实就需要这样一只母鸡，每年的被动收入大于每年的支出，从此再也不用为家庭的经济状况犯愁。

在投资理财中，我们需要做的是尽量不要杀鸡取卵，在鸡小的时候尽量喂养它，让它快快长大；等鸡长大后，取卵而不杀鸡，从此走向财富自由的生活。

# 1.8 不追求网红基金

在自媒体发达的今天，"网红"一词对于我们而言已经非常熟悉了，不仅是网络红人的称呼，更是一种赚快钱的代名词。不仅很多素人走上网红道路，更有基金经理从幕后走向台前，凭借自己的专业知识，特别是各种交易策略及被培养而来的网络说话风格，在短时间内吸引了几十万、甚至几百万粉丝，成为网红基金经理，比如蚂蚁财富平台社区已经入驻了 100 多家基金公司的 100 余位基金经理，其中不乏几十万粉丝的基金经理答主，新晋网红更是层出不穷。

随着网红基金经理成为网红，拥有大量粉丝后，基金公司会很快抓住时机发行基金，让粉丝买入"一起赚钱"。比如兴全合宜混合 A 就是一只典型的网红基金，仅用 25 分钟就卖出百亿元，全天销售额高达 300 亿元，由于购买人数太多，基金规模超出太多，不得不提前结束募集。又如东方红睿，销售异常火爆，在 2018 年 1 月初人均限购 1 万元的情况下，募得 70 亿元规模（场内约 12 亿元，场外约 58 亿元）。但是，绝大多数网红基金会让粉丝亏钱，而且还是大手笔亏损，比如兴全合宜混合 A 盘中触及跌停，近6 个月的收益率为 −13.47%（亏损），东方红内需增长混合的年化收益率达到 −17.67%（亏损）。这些并不是个例，据 Wind 数据显示，市场上绝大多数网红基金均亏损 13.23% 以上。

　　大家可能会误以为"网红"只是网络媒体或抖音、快手上才有的，其实不然，还有两类网红基金经理：一是新题材基金，比如白酒行业、新能源汽车、产业链等，都可以在各大媒体、各个专家口中"高捧"，让大家误以为是"风口"；二是过去几年业绩优秀的基金经理，也会被各大自媒体、各家基金公司作为宣传的工具人，成为网红基金经理。

　　2022 年，随着各大网红基金管理的基金爆雷和过去网红基金的亏损，大家逐渐清醒地认识到，投资要讲逻辑，不能随波逐流，否则就会沦为投资失败者，这也是基金机构、基金经理赚得盆满钵满而散户却亏得很惨的原因之一（具体的原因很复杂，我将会在第 9 章中详细讲解）。比如工银瑞信互联网基金按照 100 亿元的净资产、每年 1.5% 的管理费率计算，在第一个完整年度该基金收取的管理费就高达 1.5 亿元。

　　有人会疑惑，网红基金为什么会亏损？它们的基金经理不是很厉害吗？

　　原因很简单：基金经理过去的优秀并不能代表未来的优秀，市场行情的变化不随着个人意志而转移，加上那些明星基金经理并没有足够的精力管理手下的基金，而是把心思用在了管理费上。同时，一些基金按约定会把高比例资金用在股票仓位上，一旦股市震荡或下跌，只能忍痛看着基金价格下跌。另外，很多网红基金的规模往往过大，基金经理在操作时常常会出现船大难掉头的情况。

　　综上，我建议大家警惕网红基金，踏踏实实地选择符合自己预期或自己看好的基金。至于如何选择基金，在后面的章节中将会详细讲解。

## 1.9 客观认识散户相对于机构的不足

单纯从优势上面讲，散户和机构完全是两个战斗力级别的群体。机构都会有专门的调研团队对企业进行系统的调研，会匹配专门的分析师对宏观经济及国家政策进行评估，也会聘请专门的操盘人员进行操盘。

机构基本上把大部分优势都占了，而散户呢？一般都有自己的工作，对于大部分人而言投资理财只是一个业余爱好，对上市企业的分析可能大部分人都是一知半解的，而更多地停留在公司给的【F10】资料信息及券商给的研报里，甚至很多投资者连【F10】资料信息都不太会看，更别提券商给的研报了。由于投资者与真实的企业之间相隔万里，只能靠自己的猜测来塑造一家所谓的企业。

股票、基金无论怎么炒作，最终还是靠业绩支撑的。长期而言，企业价值影响股价的涨跌，但是，假如我们对企业不是特别了解，我们凭什么就认为这家企业一定会如何好或者如何坏呢？这导致投资者在面对股价短期涨跌时很难坚持原先的观点，因为在很多时候股价的短期涨跌与基本面的关系不大，所以对于大部分人而言看企业基本面似乎也起不到什么作用，因为他们要的就是短期的涨跌或下周的涨跌等。

一家优秀的企业在顺周期、股价不断攀升的时候，你总能够在技术上找到很多卖点，在进入一波巨大的牛市行情之前你早就把利润兑现了。因为一旦股票价格在短期内下跌，哪怕是一次洗盘，他们也可能会觉得这家企业是不是出了什么问题。究其原因还是对企业的了解不够深入，单纯靠猜测得到的结论往往在几天内随着股价涨跌就会被改变几次，实际上更多的人都是通过 K 线来判断企业好坏的。

个人投资者处于一个相对封闭的环境里，对外界的信息处理不到位也很容易引起误判，比如每一轮牛市的高点都会有大量的分析师鼓吹牛市会达到多少点，可是事实却往往并非如此。类似的还有一些小道消息，以及随处可见的利好等，假如投资者自己购买的股票被套了，刚好出来了某某利好，我相信大部分投资者都会充满信心地期待股票来一波不错的反弹行情，而实际上利好早就被兑现了利润。

我们经常会看到某某公司周末公布巨大的利好，第二天直接涨停。随后券商分析师开始对股票进行评级，将其列入强烈推荐的专栏里面。可是，这样的点位往往在次日就会直接高开低走，把很多人套进去。在每一轮大盘调整的时候也总会有分析师迎合散户的心理，建议大家放弃短线，把握超跌反弹或者主流题材股的赚钱机会，事实上，散户凡是知道的热点信息都是高点区域的，就算有延续的行情也是低概率事件。事实上，低概率的龙头股只有一个，大部分股票往往不会延续行情。也许投资者原本持有的股票也会在下一轮题材股到来时突然来一波不错的行情，可是由于按捺不住对热点和短期反弹利润的追逐，结果让自己承受双倍的亏损。

市场总会是东边不亮西边亮，假如投资者在某些时候守不住初心，则很容易选择跟风操作而中了机构的圈套。当然，还有自身的经济收入，以及个人情绪，都会导致投资者做出一些没必要的亏损行为。散户的特点在于散、不集中，永远都是漂浮不定在跟风操作。加上市面上大量的自媒体过度渲染某某战法、某某指标、某某理论等，可能会让投资者刚从一个坑里面走出来又掉进了另一个坑里。

幸好，买基金比买股票容易得多，因为基金买的是一揽子股票，也就不存在被实施 ST 的风险，更不需要为每天的大盘涨跌发愁，也不用自己研究什么消息、题材。

基金经理买的一般都是精心调研过的优秀企业的股票，并且能够较为及时地把握一个方向，把具体操作的工作交给他们就行了。我们只需要进行一些评估，找到适合自己的品种，选择一定的规则进行长期投资就可以了，因为买基金大部分时间比的是耐力、眼光、坚持。

# 1.10　客观了解基金与股市的关系

一些读者会很好奇，自己投资基金与股市有什么关系，自己又不买股票。其实，两者之间的关系"深得很"，不仅相互影响，而且有的基金组合中包括股票型基金，可简单理解为基金组合中包含股票，直接与股市挂钩，股市涨基金组合收益涨，股市跌基金组合收益跌。

复杂的理论大家不需要了解太多，只需简单记住以下三点关系。

一是股票型基金和指数型基金的走势与股市呈正相关，即当股市行情不好、股票价格普遍下跌时，股票型基金和指数型基金的走势也会跟着下跌；当股市行情较好、股票价格普遍上涨时，股票型基金和指数型基金在股市的带动下也会出现上涨的情况。

二是债券型基金和货币型基金的走势与股市呈反相关，即在股市行情不好的情况下，投资者出于避险考虑会抛出股票，配置一些风险较低的债券型基金或货币型基金，随着资金的流入，会推动它们的趋势上涨；而在股市行情较好的情况下，投资者出于赚取更多的收益考虑，会抛出手中的债券型基金或者货币型基金，配置一些股票，随着资金的流出，这些基金的价格会下跌。

三是在投资组合中，随着市场行情的变化，需及时调整股票型基金与债券型基金的持仓比例，比如定投中的股债配置和增量资金与存量资金的定投，以及核心卫星策略、再平衡策略、风险平价策略等。

因此，我们可以不用太过于深入了解股市或股票，但至少要明白股市的走势影响基金的收益。

# 第 2 章

# 基金基础知识

---

　　大家在接触基金时，首要任务不是看什么策略，也不是听那些赚大钱的故事，更不是忙着追随、关注某位专家的专栏等，而是把基金是什么弄清楚，把基本的名词、术语、成本、风险、工具等搞明白，毕竟它是你投资赚钱的工具、入门的钥匙或入行的起点。哪怕你只是把它当作副业，在工作之余"玩玩"，也要做到对自己负责，对自己的钱负责，对市场和对手有起码的尊重。

　　本章将会围绕几个重点的思路展开介绍：基金的本质是什么、有多少分类、有什么成本、有哪些风险、大盘收益和超额收益、能用到的工具有哪些、基金选择的指标等。

## 2.1 基金的本质——委托关系

基金是投资者将资金交给专业的基金公司代为管理的一种集合投资方式，每只基金都会持有几种甚至上百种投资标的，如证券、债券等，从而达到分散投资风险的目的，其本质上就是一种委托关系。但是，大家不用担心基金经理把钱卷跑了，因为我们投入的钱给了基金托管银行，与基金经理是分离的，只不过他们不可能白白为我们干活，需要我们为他们支付一定的基金管理费和基金托管费，这样就能避免散户去投资个股的风险，还能用基金经理的专业技能为我们分散风险。

下图所示是投资者、基金管理公司、基金托管银行之间的关系。

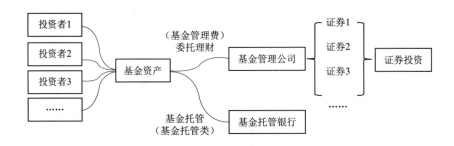

另外，基金进入门槛很低，只要我们想进入这个市场就能进去，毕竟 10 元就能进场，还能做到喜欢哪只基金就能买哪只基金，不需要花费太多精力去精挑细选。比如我们看好一个行业，就可以直接买对应行业的 ETF 之类的指数基金，不需要去挑某个股，或者执行买一个组合之类的操作，完全可以交给基金经理来打理，用他们的专业技能来对我们的收益和损失进行平摊。

不过，基金投资有两点不足：一是公募基金不管是亏了还是赚了，并不是基金经理最关心的，他们最关心的是规模有多大，因为他们赚取的是管理费；二是基金经理决定了主动型基金的未来。因此，我们要对基金经理进行审核，比如他的职业道德怎么样，是否诚实守信，责任意识是否够强，职业能力是否过关，是否发生过内幕交易和操纵市场导致市场价格扭曲，以及是否偷偷摸摸地建立老鼠仓为自己和他人牟取私利（私自抢先买入一只股票，然后利用公募账户买入这只股票，接着通盘这只股票，找准时机卖出去，以赚取一定的收益）等。

如果大家确实非常担心基金经理的能力，则可以在市场上选择被动型基金，也就是指数基金。

## 2.2　基金的基本要素

在"碰"基金前，大家肯定要掌握基金的基本要素有哪些，真正地认识它，就像了解一件商品一样，知道商品名称是什么、生产日期、重量、体积等，然后才能谈买卖和交易，不能做"睁眼瞎"，什么都看不懂。

### 1. 基金名称

就像商品的名称一样，每只基金都有唯一的名称和代码，比如鹏华中证酒指数型证券投资基金（LOF）、160632。

### 2. 基金经理

基金经理是指具体由谁来管理这只基金，直接决定了主动型基金的收益情况，因此，选择基金经理非常重要。

### 3. 业绩表现

业绩表现也被称为收益表现、收益曲线等，展示了基金的历史收益情况。它分为绝对收益和相对收益，前者表示该基金赚了或亏了多少就是多少，后者表示该基金相对于沪深 300 而言赚了或亏了多少。

比如 A 基金的年收益是 15%，同期沪深 300 指数涨了 30%，其中，15% 的收益是 A 基金的绝对收益，相对于沪深 300 指数低 15%，该基金跑输了大盘近 100%，后面的相对收益就是 −15%。

### 4. 净值

一些人认为净值就是每单位基金的价格，其实不然，净值还会展示基金的历史收益, 因此, 又可以将其分为三个种类: 单位净值、累计净值和净值估算。

- **单位净值**：每一单位基金的价值, 用基金的总资产减去总负债后的余额再除以基金全部发行的单位份额总数。比如某基金的总资产为 100 元, 总份额为 100 份, 总负债为 50 元, 则该基金的单位净值为 (100−50)÷100＝0.5（元）。下图所示是某基金的单位净值走势图。

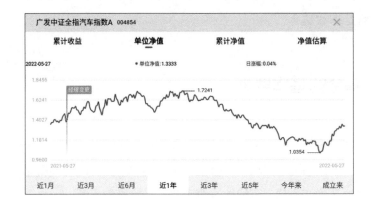

- **累计净值**：单位净值加上历史的所有分红。如果基金没有进行过分红或拆分, 那么累计净值就是单位净值。下图所示是某基金的累计净值走势图。

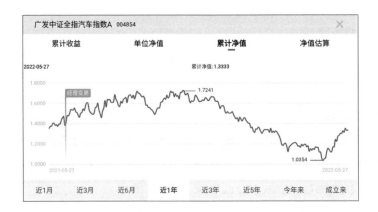

- **净值估算**：由于基金的净值不会随行情实时变动, 基金公司会在每日收盘之后再进行清算, 通常在当晚才会给出最新净值, 而一些 App 会根据持仓数据粗略地估算当日的净值变化并显示出来, 这就诞生了净值估算。比如一只净值为 10 元的基金当天涨价了 5%, 基金净值仍然是 10 元,

而不是 10.5 元，但净值估算会显示 10.5 元。下图所示是某基金的净值估算走势图。

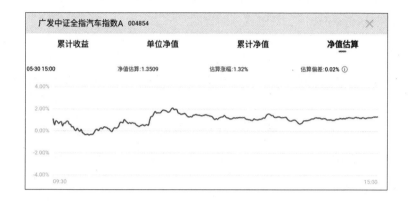

### 5. 基金分红

基金分红是指基金将收益的一部分以现金形式派发给基金投资人（来源于基金净值），分为现金分红和红利再投资。

比如，张三持有 1 万份基金，现每基金份额分红 0.5 元，那么，他有两种选择：一是现金分红方式，得到 5 000 元的现金分红；二是选择红利再投资，假如分红基准日基金份额净值为 1.25 元，那么基民就可以分到 5 000 元÷1.25 元 =4 000 份基金份额，张三的基金份额就由 1 万份变为 1.4 万份。

当然，基金不能随便分红，必须满足以下三个条件。

一是基金当年收益弥补以前年度亏损后方可进行分配。

二是基金收益分配后，单位净值不能低于面值。

三是基金投资当期出现净亏损则不能进行分配。

### 6. 基金拆分

基金拆分是指在投资总额不变的前提下，改变基金份额净值和基金总份额，重新计算基金资产的一种方式，它不会影响投资组合和基金收益，更不会影响基金经理。比如，你持有 A 基金 1 000 份，基金单位净值为 4 元，那么你持有的基金资产为 4 000 元。如果将该基金按比例拆分，基金单位净值变为 2 元，那么你持有的基金份额变为 2 000 份，总资产还是 4 000 元。

如果大家还不能理解，则可以参考这样一个比喻：总价值是 1 000 元的西瓜，有 100 个，平均每个西瓜的单价是 10 元。我们将 100 个西瓜对半劈开拆分为 200 份，每份西瓜的单价变成 5 元，总价值还是 1 000 元。

基金公司为什么要对基金进行拆分，一个最直白的原因是为了促销（买的人觉得基金单价高了，希望买到便宜的）。

### 7. T 日

T 日就是交易日的意思，以每天的 15:00（同股市收盘时间）为分界线，过了 15:00 即下一个交易日。

在通常情况下，申购基金都是 T+1 日确认；而赎回基金，有的是 T+1 日钱到账，有的是 T+2 日钱到账，具体到账时间跟平台和银行都有关系。

### 8. 持仓明细

持仓明细是指基金在特定时间里的股票仓位比重，特别是基金投资占比前 10 的持仓资金，如下图所示，我们可以看出基金经理的投资方向和管理能力及风控能力。比如在国家对教育培训行业进行整顿时，仍有部分基金经理重仓教育培训机构股票，让投资者亏损巨大；有的则及时调整重仓股中的教育培训机构股票，反而让投资者规避了风险。

| 序号 | 股票代码 | 股票名称 | 最新价 | 涨跌幅 | 相关资讯 | 占净值比例 | 持股数（万股） | 持仓市值（万元） |
|---|---|---|---|---|---|---|---|---|
| 1 | 600519 | 贵州茅台 | 1802.00 | 1.33% | 变动详情 股吧 行情 | 16.23% | 47.05 | 80,873.96 |
| 2 | 000858 | 五粮液 | 171.60 | 3.26% | 变动详情 股吧 行情 | 12.40% | 398.45 | 61,783.53 |
| 3 | 000568 | 泸州老窖 | 214.86 | 4.30% | 变动详情 股吧 行情 | 11.46% | 307.03 | 57,071.02 |
| 4 | 600809 | 山西汾酒 | 270.30 | 3.46% | 变动详情 股吧 行情 | 10.47% | 204.60 | 52,152.41 |
| 5 | 002304 | 洋河股份 | 164.57 | 2.97% | 变动详情 股吧 行情 | 6.88% | 252.70 | 34,274.34 |
| 6 | 000799 | 酒鬼酒 | 155.05 | 6.24% | 变动详情 股吧 行情 | 4.21% | 141.72 | 20,960.27 |
| 7 | 600600 | 青岛啤酒 | 92.90 | 2.20% | 变动详情 股吧 行情 | 3.51% | 221.01 | 17,462.00 |
| 8 | 603369 | 今世缘 | 46.23 | 2.03% | 变动详情 股吧 行情 | 3.30% | 390.84 | 16,454.21 |
| 9 | 600132 | 重庆啤酒 | 128.18 | 2.18% | 变动详情 股吧 行情 | 3.25% | 150.77 | 16,167.21 |
| 10 | 000596 | 古井贡酒 | 226.15 | 3.36% | 变动详情 股吧 行情 | 2.63% | 76.38 | 13,088.32 |

### 9. 基金规模

基金规模通常具有两层含义：份额规模和资产规模。份额规模是指一只基金发行在外的总份额数量，即总共发行了多少份基金；资产规模则是指一只基金管理的资金总量，可以由份额规模和最新基金净值计算得出（份额规模 × 最新基金净值），如下图所示。

| 基金全称 | 鹏华中证酒指数型证券投资基金(LOF) | 基金简称 | 鹏华酒A |
|---|---|---|---|
| 基金代码 | 160632（主代码） | 基金类型 | 指数型-股票 |
| 发行日期 | 2015年04月20日 | 成立日期/规模 | 2015年04月29日 / 6.657亿份 |
| 资产规模 | 34.56亿元（截止至：2022年03月31日） | 份额规模 | 75.4615亿份（截止至：2022年03月31日） |
| 基金管理人 | 鹏华基金 | 基金托管人 | 建设银行 |
| 基金经理人 | 闫冬、张羽翔 | 成立来分红 | 每份累计0.47元（1次） |
| 管理费率 | 1.00%（每年） | 托管费率 | 0.22%（每年） |
| 销售服务费率 | 0.00%（每年） | 最高认购费率 | 1.00%（前端） |
| 最高申购费率 | ~~1.20%（前端）~~ 天天基金优惠费率：0.12%（前端） | 最高赎回费率 | 1.50%（前端） |
| 业绩比较基准 | 中证酒指数收益率×95%+商业银行活期存款利率（税后）×5% | 跟踪标的 | 中证酒指数 |

　　我们在选择基金或配置基金组合时，无论是稳健性投资、低风险投资还是高收益投资，都需要对基金规模进行衡量，因为基金规模太小会导致基金经理没有话语权，可能会使我们的收益降低，或遇到突然的大资金强制撤回给我们带来损失。

　　大家可能会注意到另一个名词——成立规模，它并不是基金的当前规模，而是基金在成立初期募集到的资产规模。

### 10. 各种费率

　　各种费率可以简单地理解为我们买卖基金的手续费（成本），大家可以在基金档案中看到，如下图所示，也可以在买卖规则中看到。

| 基金全称 | 鹏华中证酒指数型证券投资基金(LOF) | 基金简称 | 鹏华酒A |
|---|---|---|---|
| 基金代码 | 160632（主代码） | 基金类型 | 指数型-股票 |
| 发行日期 | 2015年04月20日 | 成立日期/规模 | 2015年04月29日 / 6.657亿份 |
| 资产规模 | 34.56亿元（截止至：2022年03月31日） | 份额规模 | 75.4615亿份（截止至：2022年03月31日） |
| 基金管理人 | 鹏华基金 | 基金托管人 | 建设银行 |
| 基金经理人 | 闫冬、张羽翔 | 成立来分红 | 每份累计0.47元（1次） |
| 管理费率 | 1.00%（每年） | 托管费率 | 0.22%（每年） |
| 销售服务费率 | 0.00%（每年） | 最高认购费率 | 1.00%（前端） |
| 最高申购费率 | ~~1.20%（前端）~~ 天天基金优惠费率：0.12%（前端） | 最高赎回费率 | 1.50%（前端） |
| 业绩比较基准 | 中证酒指数收益率×95%+商业银行活期存款利率（税后）×5% | 跟踪标的 | 中证酒指数 |

### 11. 公允价值

　　在公告中大家经常会看到公允价值参数，如下图所示，看起来很神秘，其实，大家可以简单地将其理解为基金当时的市场价格。

| 序　号 | 股票代码 | 股票名称 | 数量（股） | 公允价值（元） | 占基金资产净值比例（%） |
|---|---|---|---|---|---|
| 1 | 688981 | 中芯国际 | 462,175 | 24,490,653.25 | 0.03 |
| 2 | 601658 | 邮储银行 | 796,578 | 4,062,547.80 | 0.01 |
| 3 | 600941 | 中国移动 | 62,401 | 3,593,049.58 | 0.00 |
| 4 | 600702 | 舍得酒业 | 12,230 | 2,779,879.00 | 0.00 |
| 5 | 688235 | 百济神州 | 19,217 | 2,777,048.67 | 0.00 |
| 6 | 601728 | 中国电信 | 394,011 | 1,682,426.97 | 0.00 |
| 7 | 601077 | 渝农商行 | 204,778 | 788,395.30 | 0.00 |
| 8 | 300999 | 金龙鱼 | 12,114 | 762,334.02 | 0.00 |
| 9 | 688739 | 成大生物 | 9,882 | 752,316.66 | 0.00 |
| 10 | 688180 | 君实生物 | 10,617 | 711,126.66 | 0.00 |

### 12. 跟踪标的

跟踪标的一般出现在指数型基金中，表示投资者或基金经理购买的某主题、风格或某交易所的大部分上市股票，随着指数的涨跌而涨跌。比如一只指数型基金的跟踪标的是上证指数，那么，这只指数型基金所购买的大部分股票都是上海证券交易所上市的股票，以达到对指数行情走势的跟踪。

下图中 LOF 基金的跟踪标的是中证酒指数，就代表在这只基金组合中会配有大量的中证酒指数中的上市股票，如果中证酒指数上涨，则该基金行情上涨；反之，则下跌。

| 基金全称 | 鹏华中证酒指数型证券投资基金(LOF) | 基金简称 | 鹏华酒A |
|---|---|---|---|
| 基金代码 | 160632（主代码） | 基金类型 | 指数型-股票 |
| 发行日期 | 2015年04月20日 | 成立日期/规模 | 2015年04月29日 / 6.657亿份 |
| 资产规模 | 34.56亿元（截至：2022年03月31日） | 份额规模 | 75.4615亿份（截至：2022年03月31日） |
| 基金管理人 | 鹏华基金 | 基金托管人 | 建设银行 |
| 基金经理人 | 闫冬、张羽翔 | 成立来分红 | 每份累计0.47元（1次） |
| 管理费率 | 1.00%（每年） | 托管费率 | 0.22%（每年） |
| 销售服务费率 | 0.00%（每年） | 最高认购费率 | 1.00%（前端） |
| 最高申购费率 | ~~1.20%（前端）~~ 天天基金优惠费率：0.12%（前端） | 最高赎回费率 | 1.50%（前端） |
| 业绩比较基准 | 中证酒指数收益率×95%+商业银行活期存款利率(税后)×5% | 跟踪标的 | 中证酒指数 |

其中会涉及宽窄基金、跟踪误差值、LOF 基金及基金组合的风险匹配策略，都会在后面的内容中进行逐一、详细、深入讲解，在这里大家先建立一个初步印象。

### 13. 风险

风险是指投资者需要承担的未来收益风险，通常分为低风险、中风险、高风险。不过，在一些理财产品说明书中会出现其他表述，比如中低风险、较低风险、中高风险等。但是，没有"无风险"这一描述，如果出现这样的字眼，那肯定是骗子。特别是在一些打着科普名义的公众号中（实际是广告推销），会将某某机构、某操盘手、某只基金吹捧为无风险，只因为他们的管理机构或基金经理采用了某种交易策略。

大家一定要记住，任何投资都有风险，保本付息的时代已经过去，即使大家熟悉的余额宝也已经去掉了无风险的陈述，感兴趣的朋友可以去找找。

### 14. 持有人结构

基金持有人结构分为三种：个人持有者、机构持有者和内部持有者，如下图所示。

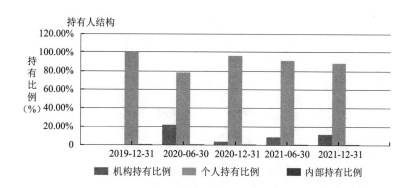

其中，个人持有者是指大部分散户；机构持有者是指企业或团体投资者；内部持有者是指基金公司内部的人员。

如果一只基金的持有人结构既有机构持有者，也有内部持有者，则说明这只基金被双重看好，他们都看好基金的未来市场行情走势和基金产品本身的"质量"。当然，大家要注意两点：一是机构持有者的比例；二是未来持有人结构走势。原因如下：

其一，提防机构持有者比例过高。如果机构持有比例超过90%，那么这只基金随即变成了机构定制基金，对基金存在着极其严重的危害，一旦触发大额赎回，随即会导致基金延迟支付，引发流动性风险，甚至清盘的风险（基金资产低于5 000万元），导致资产缩水。

其二，后期如果发现基金的持有人结构比例发生了较大的变化，那么大家一定要分析其背后的逻辑变化，比如业绩情况、基金经理和投资风格的变动，以便及时做好应对准备。

## 2.3 基金的分类

基金是一个大家族，除了大家耳熟能详的余额宝、零钱通外，其他大部分基金，即使是那些常见的基金，你也不一定知道它属于哪一类、它有哪些特性、风险是什么等，比如易方达基金、中证白酒等，如下图所示。

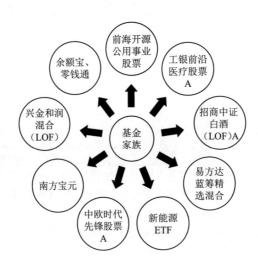

从投资人的角度来讲，我们通常从如下几个角度来对基金进行分类。

### 1. 按投资对象分类

我们把钱交给基金经理进行代理投资，他们主要有四种划分方式：股票型基金、债券型基金、混合型基金和货币型基金。

首先，从数量和资产净值来看，债券型基金与混合型基金的数量遥遥领先，分别占 30.06% 和 42.89%；而货币型基金的数量占比是非常少的，只有4.63%，但是它的资产净值却扳回了一城，如下表所示（数据截至：2021-7-31）。为什么呢？因为单只货币型基金的规模非常大，而且流动性非常强，所以，在数量上债券型基金和混合型基金占优，但在资产净值上货币型基金占优，同时可以推算出股票型基金过剩。

| 基金类型 | 数量合计（只） | 占比（%） | 资产净值合计（亿元） | 占比（%） |
| --- | --- | --- | --- | --- |
| 股票型基金 | 1 504 | 18.39 | 21 546 | 9.59 |
| 债券型基金 | 2 459 | 30.06 | 51 598 | 22.98 |
| 混合型基金 | 3 508 | 42.89 | 56 865 | 25.32 |
| 货币型基金 | 330 | 4.03 | 90 977 | 40.51 |
| 其他基金 | 379 | 4.63 | 3 576 | 1.59 |
| 合计 | 8 180 | 100 | 224 562 | 100 |

其次，从基金特点来看，股票型基金要投资 80% 于股票市场，无论行情好不好，这 80% 的仓位不能变，也就意味着熊市亏损非常大，牛市赚得特别多，真正是高风险和高收益的选择。

比如易方达消费行业股票，它在页面中已经明确提示大家：具有高风险，会用高于 86% 的固定仓位投资于股票市场且资金规模较大（310.53 亿元）。由于 2018 年熊市，投资者面临熊市带来的巨大亏损，如下图所示。

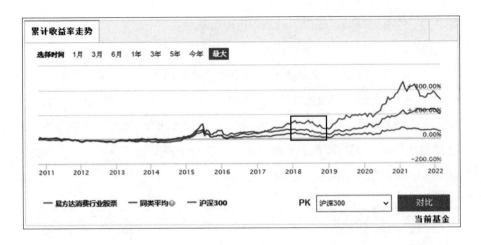

混合型基金最大的特点是没有股票持仓的限制，不像股票型基金那样必须持仓80%以上，同时，它还可以投资股票、债券及货币。另外，它在投资上非常灵活，我们可以根据自己的配置或基金投资的目标来选择债券和股票的配比，风险介于股票型基金和债券型基金之间。由于它的股票仓位没有限制，又可以分为偏股型基金、平衡型基金和偏债型基金。偏股型基金的股票配比比较高，一般达到50%~70%，甚至更高；平衡型基金基本上五五开；偏债型基金的债券配比比较高，一般达到60%以上。比如易方达蓝筹精选混合是偏股型基金，股债比例自然会比较高，股票持仓高达94.54%，属于中高风险，也就意味着它的风险介于股票型基金和债券型基金之间，其收益完全高于同类平均和沪深300，如下图所示。

债券型基金规定 80% 以上的仓位要投资于债券市场，主要投资对象是国债、金融债和信用债等固定收益类资产，因此它的风险和收益相对于股票要低很多。比如中银丰和定开债券，从下图中可以看出它是长债规模中比较大的，债券配比也是非常高的，收益情况比较平缓，也比较低，相对于沪深 300 平滑很多，斜率也低很多。

货币型基金最大的特点是没有短期亏损的风险，每天都有收益，流动性非常强，比如余额宝、零钱通、天天基金的活期宝等。同时，它主要投资短期国债、央行票据、银行存款等，收益率在2%左右。以余额宝为例，它就是货币型基金，每天都有收益，而且风险很低，收益线条基本是一条很平缓的斜线，如下图所示。

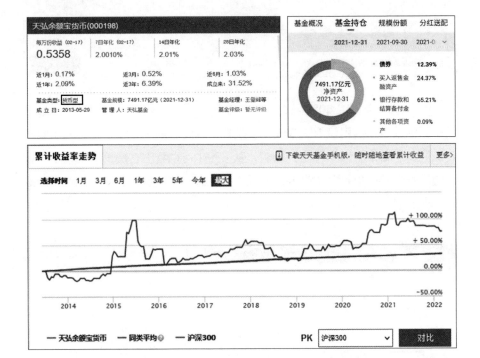

### 2. 按投资方式分类

它主要分为主动管理型基金和被动型基金。前者就是把钱交给基金经理，让他代为投资，主动把权力交给基金经理，基金经理进行主动管理，那么它完全受到基金经理的影响，最大的特点是不透明，且以获取超额收益为目标。后者又被称为指数基金，它的目标就是跟踪指数，所以它是非常透明的，比如指数里面有哪些成分股、比例是多少等一目了然。同时，指数基金是为了获取一个市场的平均收益，因此，它非常适合长期定投，在趋势中获利。

### 3. 按运作方式分类

它可以分为两类：开放式基金和封闭式基金。开放式基金的总规模是不固定的，大家可以随时在交易日内进行申赎。封闭式基金最大的特点就是封闭，其总规模是固定的，大家必须在开放期内买卖，一旦错过这个时限，就需要在证券交易所里进行买卖了（需开户），买卖的价格是由市场来决定的，而不是基金净值。

从下表（数据截至 2021-7-31）中我们可以看出，开放式基金在数量、份额和总资产方面完胜封闭式基金。为什么会出现这种情况？一是从投资者角度来看，开放式基金更加灵活，可以随时申赎，流动性非常强。二是很多投资者都是在场外进行申赎、买卖的。三是从基金公司角度来讲，封闭式基金的管理费率要低很多，而开放式基金的管理费率要高一些。

| 类　　别 | 基金数量（只） | 份额（亿份） | 总资产（亿元） |
|---|---|---|---|
| 封闭式基金 | 1 089 | 24 760 | 26 747 |
| 开放式基金 | 6 972 | 171 294 | 202 343 |
| 其中：股票型基金 | 1 445 | 13 197 | 22 255 |
| 其中：混合型基金 | 3 379 | 35 594 | 53 926 |
| 其中：债券型基金 | 1 642 | 25 095 | 28 470 |
| 其中：货币型基金 | 332 | 95 279 | 95 994 |
| 其中：QDII 型基金 | 174 | 1 128 | 1 695 |
| 全部 | 8 061 | 196 054 | 229 090 |

**4. 按交易渠道分类**

它可以分为场内交易和场外交易。场内交易是指我们在证券交易所里购买基金，它的最大特点是交易非常灵活，大家可以在交易时间内自由灵活地买卖，并且通过报价的形式完成，大家当然就可以知道真实价格。同时，其交易费用会比场外交易便宜很多，一般可以达到 0.02%，而场外交易的费用一般在 0.5% 以上。国内主要的场内证券交易所有上海证券交易所和深圳证券交易所。

具体怎样操作？下面以在海通证券 App 上买入上证 50 ETF 为例：打开海通证券 App，首先点击"委托买入"按钮，然后在"账号"文本框中输入你要买入的代码，在页面中将自动出现参考价格和限价，最后在"仓位"文本框中输入具体数量，点击"买入"按钮后就可以等待结果了，如下图所示。

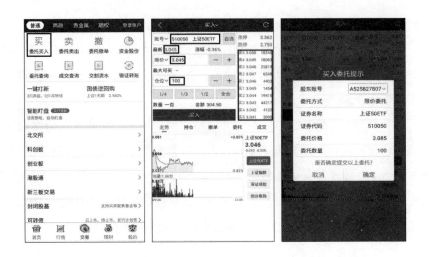

场外交易是指我们在股票市场（证券交易所）之外的交易，比如银行、证券公司、基金公司、第三方销售机构等。不同的交易渠道，其申赎手续费可能会有一定的差异，但都会高于场内交易，比如余额宝、零钱通、同花顺、天天基金、蛋卷基金等。

这里以在支付宝内购买基金为例，首先在搜索框里输入代码，然后在显示的选项中进行选择，在进入基金详细信息页面后，点击"买入"按钮进入购买页面，设置买入金额及付款方式，最后点击"同意协议并付款"按钮即可完成，如下图所示。

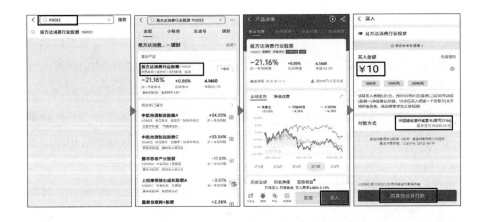

场外交易最大的特点就是不确定的价格，因为它是以当日的基金净值为价格进行交易的，而当日的基金净值一般要等到每个交易日的 21:00 才公布，

这就意味着我们不知道自己买入的价格具体是多少。

**5. 按市场主体分类**

它可以分为国内市场和海外市场。海外市场就是 QDII 型基金，它允许在投资者不兑换外币的情况下，通过基金投资海外资产，即投资海外资产市场上的基金。它和国内市场上的基金基本一样，普通投资者的购买门槛比较低，最低 1 000 元就能开户。不过，它有两个明显的缺点。

一是高服务费。QDII 型基金相较于其他投资产品，不论是申购费、托管费还是卖出的手续费都是相当高的，在无形中增加了投资者的投资成本。

二是申赎时间过长。QDII 型基金投资购买的都是境外产品，所以受时差与汇率的影响，购入时需要 T+3 日才能确认净值，赎回时需要 10 个工作日左右。当然，除了 QDII 型基金，其他基金都属于国内市场。

如何买入 QDII 型基金？以天天基金网为例，依次单击“开放式基金净值”→“QDII”，然后在弹出的列表中选择和购买相应的 QDII 型基金，如下图所示。

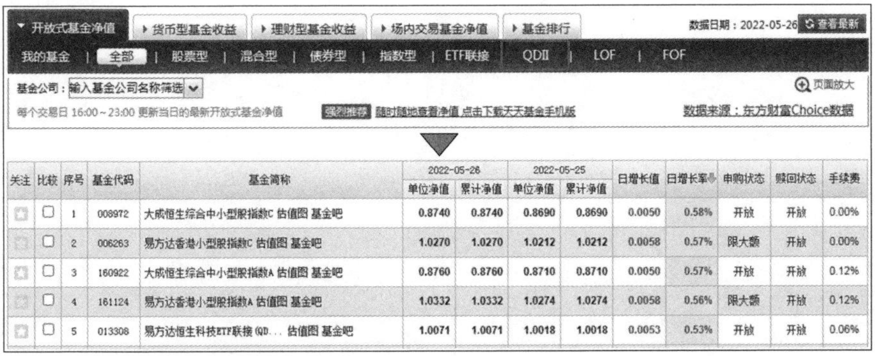


| 关注 | 比较 | 序号 | 基金代码 | 基金简称 | 2022-05-26 单位净值 | 2022-05-26 累计净值 | 2022-05-25 单位净值 | 2022-05-25 累计净值 | 日增长值 | 日增长率 | 申购状态 | 赎回状态 | 手续费 |
|---|---|---|---|---|---|---|---|---|---|---|---|---|---|
| | | 1 | 008972 | 大成恒生综合中小型股指数C 估值图 基金吧 | 0.8740 | 0.8740 | 0.8690 | 0.8690 | 0.0050 | 0.58% | 开放 | 开放 | 0.00% |
| | | 2 | 006263 | 易方达香港小型股指数C 估值图 基金吧 | 1.0270 | 1.0270 | 1.0212 | 1.0212 | 0.0058 | 0.57% | 限大额 | 开放 | 0.00% |
| | | 3 | 160922 | 大成恒生综合中小型股指数A 估值图 基金吧 | 0.8760 | 0.8760 | 0.8710 | 0.8710 | 0.0050 | 0.57% | 开放 | 开放 | 0.12% |
| | | 4 | 161124 | 易方达香港小型股指数A 估值图 基金吧 | 1.0332 | 1.0332 | 1.0274 | 1.0274 | 0.0058 | 0.56% | 限大额 | 开放 | 0.12% |
| | | 5 | 013308 | 易方达恒生科技ETF联接(QD... 估值图 基金吧 | 1.0071 | 1.0071 | 1.0018 | 1.0018 | 0.0053 | 0.53% | 开放 | 开放 | 0.06% |

**6. 按可选范围分类**

它可以分为宽基和窄基。宽基是指宽基指数，它包含的行业较多、内容较杂、覆盖面较广，所选的成分股关联度较低、风险对冲能力强，因此，它具有三大优势：可选范围广、风险较小、收益较为稳定。主流的宽基指数包括上证 50、中证 500、沪深 300 和创业板指数。下图所示是上证 50、沪深 300 与中证 500 的关系。

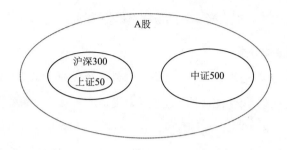

（1）沪深 300

沪深 300 是由沪、深两市中规模最大、流动性最好、最具代表性的 300 只股票组成（约等于 A 股前 300 名），可以反映 A 股收益整体表现的一个指数。它的成分股数目比上证 50 的成分股数目多，其中包含上证 50，也都以大公司为主，具有一定的参考性。

沪深 300 的代表性成分股有中国平安、贵州茅台、招商银行、恒瑞医药、格力电器、美的集团、五粮液等。

下图所示是沪深 300 的年线图（2004—2020 年）。

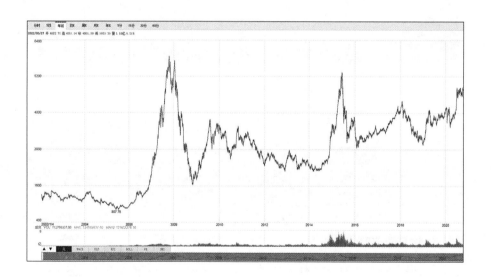

（2）上证 50

上证 50 是从上海证券交易所里挑选规模最大、流动性最好、最具代表性的 50 只股票组成样本股，几乎个个都是大白马或者蓝筹股，清一色的行业"龙头"，综合反映沪市最具影响力的一批优质大盘企业的整体状况。其代表性成分股有中国平安、贵州茅台、三一重工、海天味业、中国中免等。

下图所示是上证 50 的年线图（2004—2020 年）。

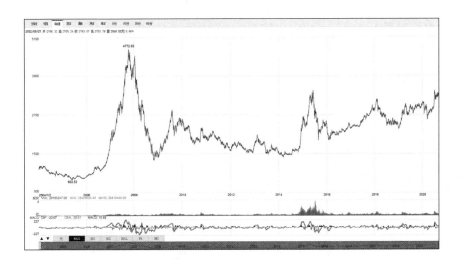

（3）中证 500

中证 500 是综合反映 A 股市场中小市值公司股票价格表现的一个指数，其成分股由全部 A 股中剔除沪深 300 成分股及总市值排名前 300 的股票后，总市值排名靠前的 500 只股票组成。其代表性成分股有欧普康视、阳光电源、重庆啤酒、上海电力等。

下图所示是中证 500 的年线图（2006—2020 年）。

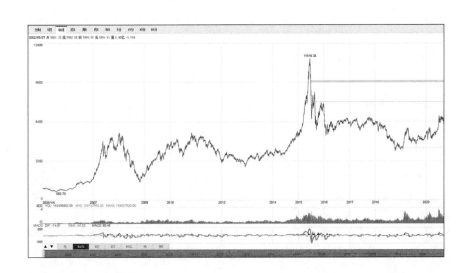

（4）创业板指数

创业板指数是从创业板股票中选取 100 只组成样本股，反映创业板市场的运行情况。目前创业板上市的企业有 900 家左右，而组成创业板指数的 100 家基本就是排名比较靠前的一部分创业板中的"优等生"了。如果说沪深 300 中的企业是国内企业的中坚力量，那么，创业板指数中的企业就是科技创新及担负未来科技强国任务的优秀企业。

创业板指数成分股中医药、电子、计算机三大行业所涉及的个股数量占比达到 44%。由于创业板中的企业大部分是新企业，规模不大，业绩一般，因此，创业板指数波动性大、风险高。

窄基是指窄基指数，包含那些集中投资的特定的策略类、风格类、行业类、主题类等相关行业主题或风格策略，剔除了其他股票，不仅比宽基的选择范围小，而且风格非常鲜明，让人一看基金名字就知道成分股是哪类行业或主题的，比如白酒主题的 ETF 基金、基本面指数基金等。

其中，行业主题可以简单理解为该基金持有的标的都是某个行业的股票，对其他股票一律屏蔽，比如白酒行业、房地产行业、医疗行业、新能源行业等。因此，它的投向范围很窄，并且持仓股票之间的关联度也比较高，同涨同跌，导致投资波动和预期收益更大，也就要求投资者对某目标行业有更深的研究。

下图所示是新能源行业主题基金。

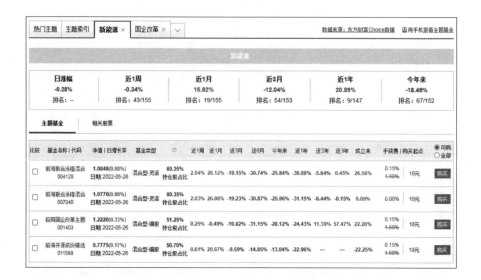

风格策略可简单理解为投资者或基金经理根据某一规律或特点而组建的组合。比如，有人觉得分红多的上市公司业绩会越来越好，就挑选了一堆分红较多的股票组成一个基金组合，取名为红利指数基金。又如，有人觉得基本面好的上市公司业绩会越来越好，就挑选了一堆基本面较好的股票组成一个基金组合，取名为基本面指数基金，如下图所示。

| H30597 | 新材料 |
| H30590 | 机器人 |
| H30588 | 中证证保 |
| H30535 | 互联网 |
| H30532 | 资源优选 |
| H30531 | 精工制造 |
| H30368 | 中证高新 |
| H30366 | 高分红 |

## 2.4  基金中的字母 A，B，C，D，E 到底是什么

我们在查看、选择或买入基金时，都会看到基金名称中带有 A，B，C，D，E 等字母。这些字母到底是什么含义？有什么区别？作为基金投资者一定要弄清楚，以免闹出笑话或影响自己的投资收益，毕竟不同的分类代表的起投金额门槛和销售服务费不同。

### 1. 货币型基金名称后缀 A，B，C

货币 A，申购门槛低，一般 100 元起投，最低 1 元起投，适合普通投资者。销售服务费为每年 0.25%。

货币 B，申购门槛高，一般 500 万元起投，主要针对机构和大资金客户。销售服务费为每年 0.01%。

货币 C，相当于 B 类，申购门槛高，销售服务费低（有些基金没有 B 类，只有 A 类和 C 类）。

### 2. 债券型基金名称后缀 A，B，C

债基 A，指的是前端收取申购或认购费，即在买基金之前先收取 1% 左右的费用，比如买 1 000 元实得 990 元；赎回时也会收取基金管理费和托管费，但没有销售服务费。

债基 B，指的是后端收取申购或认购费，即买基金时不收费，赎回时收费。后端收取的申购或认购费是根据投资者持有这只基金的时间长短来决定的，每只基金各有不同。一般基金持有的时间越长，费用越少，5 年以上免申购或认购费。也会收取基金管理费和托管费，但没有销售服务费。目前 B 类后端收费的基金已经很少了，后缀写 B 的基金实际上都是 C 类，只有后缀是 A 或 B 的基金才是后端收费品种。

债基 C，没有申购费或赎回费，但要按日收取销售服务费。

### 3. 混合型基金名称后缀 A，C

混合 A，前端收取申购或认购费，无销售服务费，不确定投资期限的投资者直接买 A 类。

混合 C，无申购费，有销售服务费，短期频繁交易的投资者直接选 C 类。

### 4. 股票型基金名称后缀 A，C

股票型 A，前端收申购费，无销售服务费。

股票型 C，无申购费，有销售服务费。

### 5. 不常见的 D，E，I

D 类，一是新增基金份额，比如中欧货币 D；二是在指定平台上销售的基金，比如博时黄金 ETF D，只在博时官网上销售。

E 类，表示该类份额只在特殊渠道上销售，一般指互联网平台销售，比如易方达货币 E。

I 类，在特殊渠道上销售的基金份额，比如博时黄金 ETF I 类，只在支付宝里销售。

另外，还有一些 F，R，Y 等，也是为特殊渠道或特殊群体定制的份额基金。

## 2.5　在哪里买基金最划算

要想知道在哪里买基金最划算，首先要了解基金的费率是怎么计算的，主要分为两大类：一是一次性费用，包括认购费、申购费、赎回费；二是非一次性费用，包括管理费、托管费、销售服务费。下面分别展开。

- **申购 / 认购费**：买入基金的手续费，老基金叫申购费，而新发行的基金叫认购费。其中，货币型基金一般没有申购费，债券型基金一般有 0.80% 左右的申购费，股票型 / 混合型基金一般有 1.50% 的申购费。
- **赎回费**：卖出基金的手续费。赎回费通常不是固定的，大部分基金为了让投资者长期持有，会规定持有的时间越长，费用越低。
- **管理费**：基金公司赚的钱，不管基金的收益是赚还是亏都正常收取。
- **托管费**：银行为了保管基金资产而向投资者收取的费用。
- **销售服务费**：用于支付销售机构佣金以及基金管理人的基金营销广告费用等。

股票型、债券型、混合型基金中的 A，B，C 类刚好代表上述不同的收费方式，其中 A 类代表前端收费份额，也就是我们在买入基金时，先付申购费，再付赎回费；B 类代表后端收费份额，也就是在申购基金时不扣费用，赎回时再扣，申购费率会随着时间的增加而降低直到免费，管理费和托管费可能会有；C 类代表销售服务费，它是按日计算和提取的。比如广发沪深 300ETF 联接基金 C 类，持有 7 天以上就不需要支付赎回费，但会按日收取销售服务费。

在实际操作中，我们可以在 App 的"买入"和"卖出"页面中看到对应的收费方式和计算方式。比如泰达宏利创盈混合 A（其中的 A 就代表 A 类），包括买入不同金额的申购费率、管理费率、托管费率、销售服务费率和卖出费率，如下图所示。需要注意的是，如果基金持有时间小于指定天数，则会有一个惩罚性的赎回（卖出）费率，在这里是 1.50%。

如果大家想在 A 类和 C 类之间选择，则有一个节省费用的小技巧：长期持有选 A 类更划算，短期持有选 C 类更划算。但是大家一定要记住，不管是 A 类、B 类还是 C 类，如果持有时间小于 7 天，则都会有 1.5% 的惩罚费用。

### 知识延伸：如何规避短期赎回的惩罚

要想规避短期赎回的惩罚，我们首先要弄清楚规定是如何计算持有时间的。基金的持有时间是从申购确认日开始计算，到赎回确认日的前一个自然日（不是交易日），比如在 4 月 10 日的 15:00 前申购了某基金，4 月 11 日为持有的第一天，如果 4 月 22 日申请赎回，则 4 月 23 日确认赎回份额，那么 4 月 22 日（赎回确认日的前一个自然日）就是持有的最后一天，总持有时间为 12 天，示意图如下图所示。

如果遇到法定节假日，那么期间的休假天数不算基金持有时间，比如 4 月 29 日申购，因为五一假期是从 5 月 1 日到 5 月 5 日，这期间的 5 天就不能算持有天数，而选择 5 月 16 日赎回才能规避短期惩罚费用。

搞清楚了基金买入的各种费率，现在我们要弄清楚去哪里买基金。

- **各大基金公司官网**：费率比较优惠。如果投资者要对比多家基金公司的费率，需要重复开户，这一点确实不太友好。
- **银行**：费率高，毕竟有专门的理财经理对接服务。
- **券商**：场内交易费用低，不足之处是品种不够全，散户容易被场内交易情绪所左右。
- **第三方平台**：费用比券商（场内）贵，品种全，但是相对银行便宜，在操作上是最方便的。

# 2.6　基金投资的误区

我提倡的投资理财观念是财富增值慢慢变富，相信时间和复利的力量，因此，我很少会因为市场的一点波动而出现焦虑或担心，因为我始终坚信自己的投资是一门生意，只要这门生意是好生意，我就会坚持。

大家投资基金除了有明显的从众心理，还会出现一些常见的误区，比如太关心基金短期净值、期待黑马、在意眼前的基金分红、稳不住等。

### 1. 太关心基金短期净值

一些朋友会在周五时像热锅上的蚂蚁，非常急迫地到处打听预估净值，根本等不到正式公布净值，完全把基金当作短期追涨杀跌而不是长期投资，遇涨时基金经理就是好样的，遇跌幅度较大时基金经理就是"菜"。

基金净值的短期波动是再正常不过的事情，对于投资者来说，清楚基金在短时间内的表现根本不具有意义。在很短的时间尺度内，我们观察到的是投资组合的波动性(variability),而不是回报率,因此建议大家尽量少看净值,相信自己的选择,多给市场和基金经理一些时间,把短期变成长期,想要赚钱就要把眼光放长远一点,要有大将风度,不要在意眼前的得失。

### 2. 期待黑马

不可否定,基金经理具有非常高的专业能力,也在市场上有多年的实战经验,加之其所在的平台和投研团队,能轻松战胜市场中的绝大多数散户。如果投资者单纯地通过基金经理过去的业绩来推断未来的收益,想要成为一匹黑马,在短期内实现业绩翻倍,那基本上不可能。原因有两点。

一是每位基金经理的擅长面不一样,比如有些基金经理擅长捕兔子,恰好去年的市场就是兔子,所以业绩能翻很多倍;恰好今年、明年的市场是羊,那么无论基金经理如何努力,也不可能延续往年的成绩。

二是投资者在市场情绪的驱动下盲目进入,一旦出现一位"天才"基金经理,马上就会有一窝蜂的投资者跟进,让基金经理的资金盘从几百万元增长到几十亿元,让基金经理从开小船变成开"航空母舰",在很多时候会出现船大掉头难的情况。

### 3. 在意眼前的基金分红

很多人觉得基金分红是将收益的一部分以现金形式派发给投资者,是自己投入的钱赚的钱,其实这只是一种错觉,它真正的意图是基金管理人让你放心地把钱交给他们管理,让你感觉到自己持有的基金是优秀基金,不仅业绩不错,而且正在盈利。从投资的角度而言,他们只是把你的钱退给你,你账面上的基金份额仍然保持不变,但是基金净值是直接降下来的,分了多少红,基金净值就会降多少,你还要自己倒贴手续费。如果你把每次的分红作为本金再次投资,投资份额逐渐增加,让你的红利再次赚取红利,那么,随着时间的推移,你的收益会比每次红利取出高出很多。

有些朋友会说自己等着红利去买菜、买肉吃,如果你的资金状况都紧张到这一步了,我建议你就不要投资理财了,好好投资自己,先把基本的生存问题解决了。相反,如果你看好后市或看好基金经理,那么你完全可以选择红利再投资,好好喂养一只"金鸡",等着未来它生钱。

比如,张三持有某只基金 100 000 份,净值 1.2 元,共 120 000 元,每份分红 0.1 元。

　　张三选择分红，那么基金净值就降为 1.1 元。后期上涨，现金分红后，张三变成了持有 10 000 元现金和 100 000 份净值 1.1 元的基金，共 120 000 元。市场上涨了 10%，基金也涨了 10 个点，张三变成了持有 10 000 元现金和 100 000 份 1.21 元的基金，价值 131 000 元，和原来的 120 000 元相比，赚了 11 000 元。

　　张三选择不分红，基金涨了 10 个点之后，张三就变成了持有 100 000 份 1.32 元的基金，价值 132 000 元，和原来的 120 000 元相比，赚了 12 000 元。

　　可见，不分红（红利）再投资比分红（红利）不投资多赚了 1 000 元。大家从复利的角度再来计算就会发现，投资时间越长，这个差价越大。

　　有些朋友会反驳说：基金不可能一直涨，有时候会也下跌。所以我们把时间跨度拉长一些来看看基金的收益情况。2021 年 10 月，知名基金公司景顺长城基金、富国基金、交银施罗德基金三家金牛基金管理公司联合起来，携手中国证券报开展了一次客户真实盈利数据的研究（来自 5.65 亿笔真实交易记录），并发布了《公募权益类基金投资者盈利洞察报告》，如下图所示，基金持有时间越长收益越高，这符合巴菲特所说的慢慢变富，相信复利的威力。

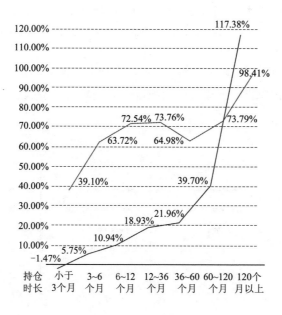

### 4. 稳不住

买基金就是做生意，只要是一门好生意就可以长期持有，不需要羡慕其他人的基金涨得有多快、有多好，不要一会儿追白酒、一会儿追新能源，就像狗熊掰棒子，最后手里一个都没有。我可以坦白地告诉大家，热点很难追，择时更是难上加难，只要逻辑不变就可以稳下来，静待美好的事情发生。这一点也可以从《公募权益类基金投资者盈利洞察报告》中看出来，交易太频繁和持仓时间太短的投资者绝大多数处于亏损状态。从下图中可以看到，当持仓时长小于 3 个月时，平均收益率为负值，盈利人数占比仅为 39.10%；当持仓时长超过 3 个月时，盈利人数占比大幅提升到 63.72%，平均收益率也由负转正。

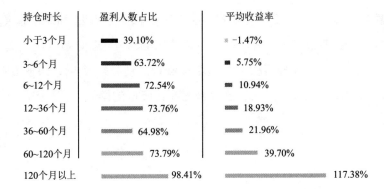

从下图中可以看出，交易频率也是影响盈利水平的重要因素，交易次数越多，盈利情况越差。如果投资者能管住手，减少交易次数，收益水平就能明显提升。

| 客户交易频率/月 | 客户占比 | 盈利人数占比 | 平均收益率 |
| --- | --- | --- | --- |
| （0，1） | 54.84% | 55.14% | 18.03% |
| （1，5） | 28.82% | 51.60% | 7.63% |
| （5，10） | 7.52% | 35.22% | 4.43% |
| （10，20） | 3.28% | 26.92% | 2.11% |
| （20，∞） | 5.53% | 37.51% | 4.40% |

# 2.7 基金的投资风险

任何投资都有风险，无论是高风险还是低风险，这才有了那句人们非常熟悉的话："投资有风险，入市须谨慎。"很多人认为风险就是亏钱，其实风险的含义不只是这么狭隘，它还包含了我们对投资的理解和掌控。我认为基金投资风险可以分为两大类：一是投资者自身的操作风险，比如最经典的追涨杀跌；二是客观或不可抗拒的风险，比如政策风险、经济周期风险等。对于前者，我们可以通过不断学习和积累经验来减少或克服；但是，对于后者，我们作为渺小的个体，只能规避或降低。

我们需要认识并了解这些风险，只有这样，当我们遇到这些风险的时候才不会是"睁眼瞎"。

**1. 市场风险**

市场风险是不可控风险，主要由外在风险导致，比如政策法令变更或增加、经济周期更迭由复苏转为萧条，以及汇率变动、购买力升降、外汇市场变化等，我们只能适应或变危为机。

- 政策风险：主要是宏观政策发生变化，大到财政、货币政策的变化，小到行业、地区发展政策的变化，都会引起某一行业甚至资本市场的变动。因此，我们作为投资者一定要时刻关注时事新闻。

- 经济周期波动风险：是指随着经济周期的循环波动引起市场长期价格的波动，比如由衰退阶段到复苏阶段的变化、牛熊市的交替等，从根本上决定了各大类资产的表现。因此，我们一定要对经济周期或行业周期有一个基本的分析与掌握，知道每个阶段应持有哪一类资产（在第 8 章中将会详细讲解经济周期）。

- 利率风险：是指市场利率的波动导致证券市场价格的变动，在我国一般是指银行间拆借利率等。其中，债券型基金受利率变化的影响较大，因为利率直接影响着国债的价格和收益率，影响着企业的融资成本和利润。具体表现为：利率上行，债券价格下跌，债券型基金净值面临下降风险；反之亦然。

- 购买力风险：主要考虑的是通货膨胀风险，比如基金的投资回报率是

3.5%，本年度通货膨胀率是 4.8%，实际上是负利率。如果基金的投资回报率达不到通货膨胀率，我们就会遭受到购买力风险的影响（它是不可抗拒的风险，因为我们无法影响通货膨胀率）。下图所示是 2011—2019 年我国的通货膨胀率。

- 汇率风险：是指人民币币值波动的风险，一般存在于 QDII 基金中。QDII 基金以美元等外币进行投资，美元等外币相对人民币汇率的变化会影响以人民币计价的基金资产价格。

### 2. 信用风险

随着 2017 年债券市场的刚性兑付结束，意味着债券基金经理通常闭眼买债的时代一去不复返，同时，附带新增了债券型基金的内在风险，简而言之就是基金发行人违约，会让投资者血本无归，比如 2019 年 1 月 25 日信达澳银纯债下跌 12.25%，令人大跌眼镜。

大家怎样规避呢？优先选择国债、国开债或高等级信用债等的债基，抑或部分有政府信用注入但没有盈利能力的信用债或产业债。

### 3. 流动性风险

流动性风险是指基金管理人不能以合理价格及时卖出基金资产以支付投资者赎回款项的风险。开放式基金由于投资者可以随时赎回，且流动性风险有正反馈效应，在极端情况下可能会发生"挤兑"风险。在持有大量流动性较差资产的情况下，若出现巨额赎回，那么基金管理人不得不低价卖出以满足赎回要求，从而使基金净值大幅下跌甚至清盘。

可能有人会认为这项风险发生的概率特别小，加之 2017 年 9 月 1 日，中国证监会正式发布《公开募集开放式证券投资基金流动性风险管理规定》，涵盖基金管理人内控制度、流动性资产投资等，并对货币型基金的流动性风险管控做出了专门规定，但是我们仍需小心谨慎，对自己的资金安全负责。

# 2.8　减少或规避基金投资风险

面对上面这些风险，大家不要慌张，认为是悬在头顶的一把剑。其实不然，我们可以通过一些投资手段规避风险或将其损失降到最低。下面为大家介绍几种常见的投资手段。

**1. 坚持组合投资**

狡兔三窟或不要将所有的鸡蛋都放在一个篮子里，都是降低风险的方式，基金投资也不例外，我们可以坚持组合投资来有效降低证券市场的非系统性风险。当然，一个好的基金组合并不是基金数量越多越好，而是要提升其中基金产品的差异化程度，且数量要适当，才能达到分散风险的目的；而且不是不加甄别地重复购买多只基金，否则不但不能降低风险，反而会增加风险。

（1）基金组合的数量

基金组合在配置数量上不求多，大家根据资金量的大小，可以适当选择 3~8 只相关性较低的基金品种进行组合。数量太少，容易集中，起不到组合投资的效果，达不到分散风险的目的。数量太多，容易分散精力，增加管理难度和交易成本，并且会降低组合的有效性。

（2）基金组合的品种

不要将大部分资金投资于同一只或者同一类型的基金，组合内资产的相关性越低越好，因为相关性越低，整体风险越小，组合分散风险的效果越好。由于不同类型基金的风险和收益特征不一样，因此可选择 2~3 种不同风格的基金进行搭配，如股票型基金、混合型基金搭配债券型基金或货币型基金，前两者属于权益类基金，后两者属于固收类基金，彼此形成互补。一般而言，风险越高配置的比例要越低，保证本金安全是最重要的。

（3）基金组合的适时调整

大家在选定基金组合后仍然需要根据实际情况对基金产品和配置比例进行适当调整，比如熊市时股票型基金的比例要适当调低；当风险承受能力有所提升后，股票型基金或混合型基金的比例也可以适当调高。另外，每半年或一年可操作一次定期再平衡，即将各基金调回至最初设定的比例。

（4）基金组合的风险匹配

在投资之前一定要及时测试自身的风险承受能力，确保选择持仓相匹配的基金品种。比如风险承受能力是稳健型，就持有货币型基金和债券型基金的比例更高一些，最好超过80%；反之，如果持仓的股票型基金超过80%，那么一旦出现风险，可能自身或者整个家庭都无法承受，甚至正常的生活都会受到影响，完全不符合我们投资基金的初衷。

（5）基金组合的系统风险

系统风险是指整个市场都具有的风险，是一个平均风险，而不是单只基金特有的风险。因此，基金组合只能分散非系统风险，而不能降低系统风险，更不能抵消风险，评价指标包括 $\beta$、波动率、最大回撤等。

计算方式为：具体的投资风险乘以相应的风险系数，然后进行加权平均，得出的结果就是组合投资的风险。比如股票的风险系数是 0.5，基金的风险系数是 0.6，债券的风险系数是 0.7，我们买 100 手股票、200 手基金、300 手债券，那么这个组合的风险系数为 (100×0.5+200×0.6+300×0.7)÷(100+200+300)=0.633。

**2. 基金定投**

无论是主动权益类基金投资，还是被动指数型基金投资，基金定投都可以在一定程度上通过分批购买从而摊薄成本的方式规避市场波动风险，特别适合那些缺乏投资经验或缺乏足够精力去分析和跟踪市场的投资者。

# 2.9　阿尔法收益（$\alpha$）和贝塔收益（$\beta$）

基金收益主要以买卖证券差价、红利、股息、债券利息、存款利息、其他收入六种形式存在。但是，在讨论、分析或挑选基金的具体收益情况或基金经理的水平时，特别在意的是阿尔法收益，而不是贝塔收益。

它们在基金圈里面一直是讨论的热点。其中，最热的说法有两种：一是国内对贝塔定价太贵，对真正的阿尔法定价太便宜；二是激进者阿尔法，稳健者贝塔。圈内人自然清楚他们说的是什么，圈外人或新手可能就会蒙，有的人还会误以为是自己在初中课本中学到的阿尔法函数和贝塔函数，计算方式肯定让自己头大，其实并不是那样的。

在投资领域中，阿尔法收益和贝塔收益其实很简单。贝塔收益是被动收益，也就是基金价格随着行情上涨而上涨、下跌而下跌，承受的风险就是市场的行情变化，最典型的就是指数型基金。当 $\beta > 1$ 时，说明资产的涨跌幅度比市场的涨跌幅度大，比如 $\beta=1.1$，则大盘上涨 10%，基金净值上涨 11%；大盘下跌 10%，基金下跌 11%。当 $\beta=1$ 时，说明资产和市场的涨跌幅度保持一致，比如大盘涨 10%，基金净值也会涨 10%；大盘下跌 12%，基金净值也会同步下跌 12%。当 $\beta < 1$ 时，说明资产的涨跌幅度比市场的涨跌幅度小，比如大盘上涨 10%，基金净值上涨 8%；大盘下跌 10%，基金净值也会同步下跌 8%。

阿尔法收益是主动收益，完全依靠投资者自己或基金经理的能力赚取超额收益。其计算方法是基金的实际收益减去贝塔收益。比如某基金的业绩基准上涨 10%，$\beta=1.1$，则贝塔收益为 11%，但是该基金通过一些策略取得了 20% 的收益率，多出来的这 9% 的超额收益就是阿尔法收益。

我们在挑选基金或调研一只基金是否值得买入时，可以在年报或基金招募说明书中看两个参数：一是业绩比较基准收益率（相当于贝塔收益）；二是净值增长率与业绩比较基准收益率的差值，通常在单独一列中显示，不需要大家手动计算（如果大家要查看阿尔法和贝塔指标，则需要在包括晨星网、好买基金网在内的网站中查找，由于这些网站采用的是会员制，不是很方便）。下图所示是富国天惠成长混合 A（161005）2020 年二季报的基金份额净值增长率及同期业绩比较基准收益率统计图。其中，业绩比较基准收益率是贝塔收益，超越基准 1 287.13% 是阿尔法收益（净值增长率－业绩比较基准收益率）。

| 阶段 | 净值增长率① | 净值增长率标准差② | 贝塔收益 业绩比较基准收益率③ | 业绩比较基准收益率标准差④ | 阿尔法收益 ①-③ | ②-④ |
|---|---|---|---|---|---|---|
| 过去三个月 | 28.28% | 1.05% | 8.69% | 0.63% | 19.59% | 0.42% |
| 过去六个月 | 23.14% | 1.68% | 1.67% | 1.06% | 21.47% | 0.62% |
| 过去一年 | 43.24% | 1.35% | 7.07% | 0.85% | 36.17% | 0.50% |
| 过去三年 | 64.22% | 1.40% | 12.33% | 0.87% | 51.89% | 0.53% |
| 过去五年 | 56.98% | 1.71% | -0.93% | 1.00% | 57.91% | 0.71% |
| 自基金合同生效日起至今 | 1 572.94% | 1.61% | 285.81% | 1.19% | 1 287.13% | 0.42% |

我们似乎找到了一个挑选增强性基金的技巧：直接挑选阿法尔基金——专门赚取阿尔法收益的基金，它把大盘涨跌的因素屏蔽掉，从而对冲掉大盘波动（贝塔）的风险，同时可以回避大盘涨跌风险。直接用公式 $(\alpha+\beta)-\beta=\alpha$ 来简单解释，即通过做多股票组合 $(\alpha+\beta)$，同时做空股指期货 $-\beta$，对冲掉市场风险，最终剩下股票自身的绝对收益 $\alpha$。具体的阿尔法策略会在后面为大家展开讲解。

下图所示是在天天基金网中搜索阿尔法基金。

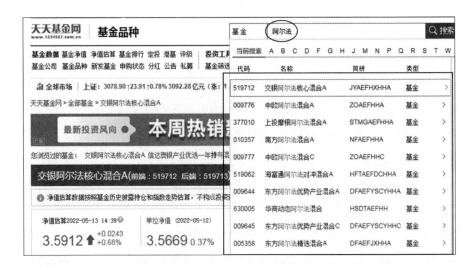

另外，因为贝塔本身是中性指标，大家可以根据市场行情灵活使用。当市场在底部时，大家可以选择一只贝塔值较高的基金，一旦市场上涨，该

基金相对就会涨得比较快；当市场在高位时，大家可以选择低贝塔值的基金有效抗跌。所以，当市场在低位或者某标的估值在低位时，大家可以买入对应的指数基金，因为指数基金完全拟合了指数标的，具有较高的贝塔值。

## 2.10　常用的基金网站与工具

工欲善其事，必先利其器。要让自己的基金投资操作顺风顺水，就得有专业的工具备用。我在这里为大家分享一些常用的基金网站和工具。

### 1. 天天基金网

天天基金网是东方财富旗下的线上基金挑选"超市"，可以从中查看各类基金的分类、概况、净值变化、持仓明细、基金公司介绍、排名、导购等信息，功能齐全、强大。下图所示为天天基金网首页。

### 2. 晨星网

晨星网是一家全球知名的基金评选机构，在里面可以看到各类基金的评选逻辑，也可以设定筛选条件对市面上的基金进行挑选。下图所示为晨星网首页。

### 3. 萝卜投研

大家可以在萝卜投研网站上看到各式各样的宏观经济分析、行业研究、个股研报等，如下图所示。

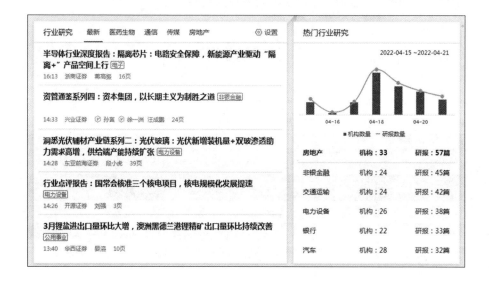

### 4. 中证指数

中证指数是特有的指数板块，可以从中查看各指数的持股情况、市盈率、股息率等指标，对购买指数基金的投资者来说是必备的网站之一，如下图所示。

## 十大权重

| 证券代码 | 证券名称 | 中证行业分类 | 上市地 | 权重（%） |
|---|---|---|---|---|
| 833575 | 康乐卫士 | 无 | 全国中小企业股份转让系统 | 4.99 |
| 830944 | 景尚旅业 | 无 | 全国中小企业股份转让系统 | 4.77 |
| 834793 | 华强方特 | 无 | 全国中小企业股份转让系统 | 4.61 |
| 830809 | 安达科技 | 无 | 全国中小企业股份转让系统 | 4.58 |
| 830806 | 亚锦科技 | 无 | 全国中小企业股份转让系统 | 3.10 |
| 835092 | 钢银电商 | 无 | 全国中小企业股份转让系统 | 2.95 |
| 832397 | 恒神股份 | 无 | 全国中小企业股份转让系统 | 2.89 |

● 前五大权重之和　● 前十大权重之和

市场占比　　　　　　　行业分布

深圳证券交易所：38.45%

上海证券交易所：61.55%

能源：1.62%
通信服务：1.95%
房地产：2.32%
公用事业：2.82%
原材料：7.18%
可选消费：7.54%
医药卫生：9.07%
信息技术：10.12%
金融：23.5%
工业：19.02%
主要消费：14.86%

## 5. 集思录

集思录专门用来查看新债的发行和上市日期，如下图所示。

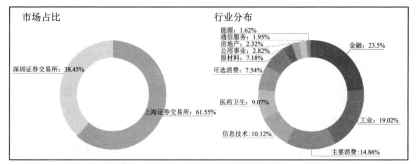

| 代码 | 名称 | 方案进展 | 进展公告日 | 发行规模（亿元） | 类型 | 评级 | 股东配售率 | 转股价 | 正股价 | 正股涨幅 | 正股现价比转股价 | 正股PB |
|---|---|---|---|---|---|---|---|---|---|---|---|---|
| 601686<br>113058 | 友发集团<br>友发转债 | 2022-04-26上市 | 2022-04-26 | 20.00 | 可转债 | AA | 91.760% | 9.39 | 7.42 | -3.26% | 79.02% | 1.714 |
| 605068<br>111004 | 明新旭腾<br>明新转债 | 2022-04-25上市 | 2022-04-25 | 6.37 | 可转债 | AA- | 86.830% | 24.81 | 20.23 | -0.39% | 81.54% | 1.910 |
| 300843<br>123143 | 胜蓝股份<br>胜蓝转债 | **2022-04-22上市** | 2022-04-22 | 3.30 | 可转债 | AA- | 86.110% | 23.45 | 18.60 | 0.11% | 79.32% | 3.067 |
| 603466<br>113643 | 风语筑<br>风语转债 | **2022-04-22上市** | 2022-04-22 | 5.00 | 可转债 | AA- | 24.720% | 22.15 | 18.22 | -3.60% | 82.26% | 3.427 |
| 603477<br>113648 | 巨星农牧<br>巨星转债 | 2022-04-25申购<br>申购代码 754477 | 2022-04-25 | 10.00 | 可转债 | AA- | | 25.24 | 20.15 | -0.64% | 79.83% | 3.100 |
| 600496<br>110086 | 精工钢构<br>精工转债 | 2022-04-22申购<br>申购代码 733496 | 2022-04-22 | 20.00 | 可转债 | AA | | 5.00 | 4.04 | -6.70% | 80.80% | 1.105 |
| 603609<br>113647 | 禾丰股份<br>禾丰转债 | 2022-04-22申购<br>申购代码 754609 | 2022-04-22 | 15.00 | 可转债 | AA- | | 10.22 | 9.02 | -5.25% | 88.26% | 1.287 |
| 000589<br>127063 | 贵州轮胎<br>贵轮转债 | 2022-04-22申购<br>申购代码 070589 | 2022-04-22 | 18.00 | 可转债 | AA- | | 4.60 | 4.03 | -9.44% | 87.61% | 0.782 |
| 002398<br>127062 | 金知集团<br>金知转债 | 2022-04-21申购<br>申购代码 072398 | 2022-04-21 | 3.96 | 可转债 | AA- | 67.790% | 7.82 | 7.34 | -0.27% | 93.86% | 1.581 |
| 000723<br>127061 | 美锦能源<br>美锦转债 | 2022-04-20申购<br>申购代码 070723 | 2022-04-20 | 35.90 | 可转债 | AA- | 20.780% | 13.21 | 11.10 | -0.09% | 84.03% | 3.996 |
| 300725<br>123145 | 药石科技<br>药石转债 | 2022-04-20申购<br>申购代码 370725 | 2022-04-20 | 11.50 | 可转债 | AA | 69.970% | 92.98 | 74.95 | -1.10% | 80.61% | 6.371 |

### 6. 巨潮资讯

如果大家有一定的财务和投资基础，则可以在巨潮资讯网站上查阅个股上市公司的年报、问询函、回购、减持、招股说明书等，内容很多、很全，缺点是查询不到 2004 年以前的招股说明书。

### 7. 中国理财

中国理财是中国银行保险监督管理委员会指定的官方网站，可以从中查看银行理财产品的资质状况，以及详细的条件规格说明。

### 8. 中国债券信息

在中国债券信息网站中可以查看国债、地方债、企业债的评级、发行、承销等渠道，也有对各类债券的深入分析。

### 9. 理杏仁

在理杏仁网站上可以快速查找和下载指数的历史 PB、PE 数值。

### 10. 定投计算器

定投计算器可以模拟在任何时候定投，大家所选定的基金所带来的收益率。对于选择或对比基金收益情况而言，它是一个很好的工具。

## 2.11　选择基金的三个重要指标

大家在选择基金时，不要一味地想着高收益而忘了风险的存在。除了在 App 上查看基金的风险状况或查看大盘上哪只基金的收益率更高，还需衡量三个重要指标——夏普比率、最大回撤和波动率，以保证我们能稳步实现预期的收益目标。

### 1. 夏普比率

夏普比率是为风险性投资组合量身定做的参数，表示投资者每多承担一分风险，可以拿到几分超额报酬，如下图所示。如果夏普比率大于 1，则代表基金报酬率高过波动风险；反之，小于 1 则代表基金操作风险大于报酬率。

 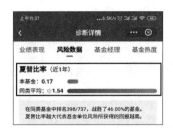

核心思想是：选择收益率相近的基金则承担的风险越小越好，选择风险水平相同的基金则收益率越高越好。总之，夏普比率越大，说明这只基金的绩效越好。

在实际使用中，我们要注意如下几点。

- 使用前提是组合投资的风险性调整，也意味着夏普比率只能在从众多的基金中选择购买某只基金时才有参考价值。
- 由于夏普比率本身没有基准点，因此只有在与组合中的其他基金相比较时才有意义。
- 夏普比率不会考虑你的投资篮子里面的基金是否具有行业相关性，这一点需要我们自己进行判断（因为选择相关性不强的基金在一定程度上能降低投资风险）。
- 它是对历史数据的计算，而不是对未来数据的预测。

### 2. 最大回撤

最大回撤是指在选定周期内任一历史时点往后推，产品净值走到最低点时的收益率回撤幅度的最大值，如下图所示。

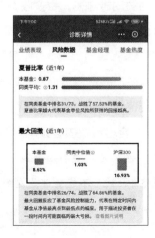 

因此，最大回撤可以用来描述买入基金后可能出现的最糟糕情况，以及随之产生的最大亏损幅度。比如某只基金的最大回撤是 20%，也就意味着可能亏损 20%，假设投入本金是 1 万元，那么最大亏损可能是 2 000 元。通过该指标我们就能很清楚地知晓自己是否愿意承担这项风险。如何计算出这个风险数字？很简单，用最低点减去最高点，然后除以最高点。比如我们以 500 元购买了某只基金，之后这只基金上涨到最高点 600 元，随后又下跌到最低点 400 元，那么最大回撤为 (400−600)÷600×100%=−33.3%。

如果大家已经有了基金组合，那么如何来降低最大回撤？下面介绍几种常用方法。

- 最简单粗暴的方法是，如果条件允许，则第一时间降低股票仓位。
- 不同的基金风险不同，我们可以根据估值和涨幅情况动态调整基金组合，使基金组合保持一个较低的回撤风险。比如基金组合中包含医药、科技、基建等行业，最近由于市场情绪高涨，科技板块涨幅太多，预计未来下跌风险较大，此时就卖出科技行业基金，换成同等风险但是估值没有太大的行业或板块的基金，甚至可以从 A 股换到港股。采用这种轮动策略，在保持仓位不变的情况下，即使遇到整体下跌，也能达到减少回撤的目的。

### 3. 波动率

波动率表示金融资产价格的波动程度，是对资产收益率不确定性的衡量，用于反映金融资产的风险水平，大家可以简单理解为资产价格的变化范围或区间。因此，波动率越大，金融资产价格的波动越剧烈，资产收益率的不确定性就越强，风险越大；波动率越小，金融资产价格的波动越平缓，资产收益率的确定性就越强，风险越小。

在投资中，如果只是买单只基金，那么在产品资料页面中可以直接看到波动率数字，不需要大家计算，只需要大家在心里衡量风险就行了。但是，在组合投资时，如何来降低波动率？这是一名合格投资者必须明白的手法。

- 不把所有的鸡蛋放在同一个篮子里，也就是不要将所有钱全部投入相关性很强的基金、股票或同一种策略中，比如不能全部是左侧交易或右侧交易等，一定要分散以降低波动率。

- 行业分散且相关性低，持股分散。

- 杠杆比例不要太高，仓位不能太重。

- 持有债券、交易所交易基金（ETF）和国债，它们不仅能够降低投资组合的波动性，还能给我们带来稳定的收益。

- 选择那些红利、低波动、质量等较稳健的指数基金，以及银行、能源等波动较小的行业基金。

- 如果是主动基金，则选择投资稳健、注重控制回撤的基金经理。

## 2.12　如何判断一只基金当下是否值得购买

大家都知道商品的价格总是围绕价值上下波动的，你购买的任何商品都有对应的价格，作为你是否购买它的参考标准。对于同一件商品，你会评估在哪里买最划算、什么时候买最合理等。基金虽然是金融产品，但也不例外，我们也会用价格作为是否购买的参考标准。由于基金的价格每天都不同，因此，我们用估值（而不是净值）来作为价格的参考。

什么是估值呢？即市场认为基金的价值是多少。不过，估值的维度和方法不止一个，为了便于理解，我们从最常用的讲起，其他的以此类推，相信大家很快就能明白。

通常我们用得最多的是市盈率模型，其公式是：市盈率（PE）＝每股市价÷每股净利润。比如一只股票的当天价格是 150 元/股，每股的净利润是 15 元，那么市盈率就是 10 倍，也就意味着 10 天就能回本（不考虑其他成本费用）。随着当天价格的降低，也就是买入价格越低，我们赚钱的速度就会越快，它未来的成长性越好。因此，一只基金买得是否值得，不一定在基金本身，而在买入的时间是否合适。

如果要广撒网地看哪些基金适合入手，则可直接在支付宝里面轻松查看，方法很简单：在支付宝主界面的底部点击"理财"→"基金"→"指数选基"→"指数基金"，搜索"指数红绿灯"，就可以看到某些指数的估值情况（绿色表示低估，黄色是正常估值，红色表示高估），如下图所示。

对于我们想要购买的一只基金，应该怎样根据当下的估值来判断是不是值得购买呢？方法为：先在中证指数官方网站中下载指数估值的表格，找到目标基金的 PE 值，然后在支付宝里查看该 PE 值是高还是低。

下面以上证 50、代码 110003 为例，介绍具体的操作步骤。

第 1 步：打开中证指数官方网站，单击"指数"菜单跳转页面，在搜索框中单击，在自动弹出的列表中选择"000016 | 上证 50"选项，如下图所示。

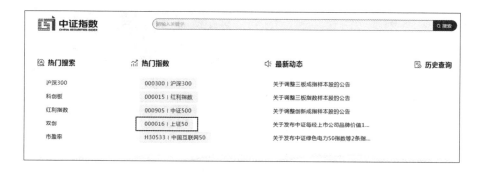

第 2 步：进入"上证 50 指数（000016）"页面，单击"指数估值"下载指数估值的表格到计算机中，如下图所示。

第 3 步：打开下载的指数估值表格，查看当前 PE 值，如下图所示。

| | A 日期 Date | B 指数代码Index Code | C 指数中文全称 "Chinese Name(Full)" | D 指数中文简称 Index Chinese Name | E 指数英文全称 English Name(Full) | F 指数英文简称 Index English Name | G 市盈率1（总股本）P/E1 | H 市盈率2（计算用股本）P/E2 |
|---|---|---|---|---|---|---|---|---|
| 2 | 20220421 | 000016 | 上证50指数 | 上证50 | SSE 50 Index | SSE 50 | 12.69 | 14.06 |
| 3 | 20220420 | 000016 | 上证50指数 | 上证50 | SSE 50 Index | SSE 50 | 12.85 | 14.25 |
| 4 | 20220419 | 000016 | 上证50指数 | 上证50 | SSE 50 Index | SSE 50 | 12.96 | 14.38 |
| 5 | 20220418 | 000016 | 上证50指数 | 上证50 | SSE 50 Index | SSE 50 | 13.01 | 14.51 |
| 6 | 20220415 | 000016 | 上证50指数 | 上证50 | SSE 50 Index | SSE 50 | 13.2 | 14.73 |
| 7 | 20220414 | 000016 | 上证50指数 | 上证50 | SSE 50 Index | SSE 50 | 13.22 | 14.72 |
| 8 | 20220413 | 000016 | 上证50指数 | 上证50 | SSE 50 Index | SSE 50 | 13.04 | 14.48 |
| 9 | 20220412 | 000016 | 上证50指数 | 上证50 | SSE 50 Index | SSE 50 | 13.06 | 14.54 |
| 10 | 20220411 | 000016 | 上证50指数 | 上证50 | SSE 50 Index | SSE 50 | 12.88 | 14.3 |
| 11 | 20220408 | 000016 | 上证50指数 | 上证50 | SSE 50 Index | SSE 50 | 13.18 | 14.7 |
| 12 | 20220407 | 000016 | 上证50指数 | 上证50 | SSE 50 Index | SSE 50 | 13.09 | 14.58 |
| 13 | 20220406 | 000016 | 上证50指数 | 上证50 | SSE 50 Index | SSE 50 | 13.2 | 14.73 |
| 14 | 20220405 | 000016 | 上证50指数 | 上证50 | SSE 50 Index | SSE 50 | 13.22 | 14.79 |
| 15 | 20220404 | 000016 | 上证50指数 | 上证50 | SSE 50 Index | SSE 50 | 13.22 | 14.79 |
| 16 | 20220401 | 000016 | 上证50指数 | 上证50 | SSE 50 Index | SSE 50 | 13.22 | 14.79 |
| 17 | 20220331 | 000016 | 上证50指数 | 上证50 | SSE 50 Index | SSE 50 | 13.04 | 14.57 |
| 18 | 20220330 | 000016 | 上证50指数 | 上证50 | SSE 50 Index | SSE 50 | 13.07 | 14.65 |
| 19 | 20220329 | 000016 | 上证50指数 | 上证50 | SSE 50 Index | SSE 50 | 12.82 | 14.28 |
| 20 | 20220328 | 000016 | 上证50指数 | 上证50 | SSE 50 Index | SSE 50 | 12.83 | 14.34 |
| 21 | 20220325 | 000016 | 上证50指数 | 上证50 | SSE 50 Index | SSE 50 | 12.79 | 14.35 |
| 22 | | | | | | | | |

第 4 步：在支付宝的基金界面里搜索代码 110003，查看当前市盈率是高还是低，如下图所示。

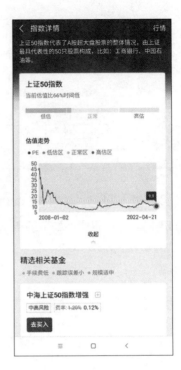

# 第 3 章

# 稳健型基金怎么买

前面我带领大家了解了投资理财的基础知识、行业常识和基金的基本情况，从本章开始我们就要进入实操中，手把手教大家如何选择、买入和卖出基金，以及如何选择投资策略等。本章将会为大家讲解风险系数较小的基金——稳健型基金的买卖技能。

在正式讲解前，大家先在脑海里面建立一个初步印象，如下表所示，货币型基金虽然在数量上的占比只有4.03%，但是它的资产净值占比达到40.51%；债券型基金在数量和资产净值上的占比分别为30.06% 和22.98%。

不同基金的数量、资产净值情况（数据截至：2021-7-31）

| 基金类型 | 数量合计（只） | 占比（%） | 资产净值合计（亿元） | 占比（%） |
|---|---|---|---|---|
| 股票型基金 | 1 504 | 18.39 | 21 546 | 9.59 |
| 债券型基金 | 2 459 | 30.06 | 51 598 | 22.98 |
| 混合型基金 | 3 508 | 42.89 | 56 865 | 25.32 |
| 货币型基金 | 330 | 4.03 | 90 977 | 40.51 |
| 其他基金 | 379 | 4.63 | 3 576 | 1.59 |
| 合计 | 8 180 | 100 | 224 562 | 100 |

什么是万份收益？就是按照上一日或者上一个交易日的收

益率来计算 10 000 元本金能赚多少钱，也就是每万元每天的收益。比如 10 000 元按照 5% 的年收益率计算，一年之后可以得到 10 000×5%=500（元），而每日收益为 500÷365=1.37（元），因此，每万元的收益就是 1.37 元／天。

什么 7 日年化收益率？就是根据过去 7 天收益的总和计算出的年化收益率。比如某一天 A 理财产品的 7 日年化收益率为 3.214%，则表示根据含当日在内的历史 7 天平均实际收益推算，假设它一直保持这样的收益标准，那么，一年的收益率为 3.214%，即投资 10 000 元 A 产品，一年获利 321.4 元。

## 3.1　四个维度挑选最"肥"的货币型基金

货币型基金又被称为准存款，相当于银行的存款产品，而且流动性非常高，目前支持随存随取。它主要投资于国债、央行票据、商业票据、银行定期存单、政府短期债券和信用等级比较高的企业债券。虽然场内、场外都可以进行货币型基金的交易，但是，普通投资者更多地在场外交易，手续费肯定会高一些。下表所示是市场上现有的基金规模和收益情况，为后面我们挑选最"肥"的基金做准备。大家可以看出排名第一的是余额宝，它的年化回报在 3% 左右。

**基金规模和收益情况**（数据截至：2021-7-31）

| 序　号 | 代　码 | 名　　称 | 近一年收益率（%） | 近两年收益率（%） | 近三年收益率（%） | 近五年收益率（%） | 成立以来收益率（%） | 年化回报（%） | 最新规模（亿元） |
|---|---|---|---|---|---|---|---|---|---|
| 1 | 000198 | 天弘余额宝货币 | 2.0 | 4.1 | 6.7 | 14.6 | 30.0 | 3.2 | 7 808 |
| 2 | 000359 | 易方达易理财货币 A | 2.2 | 4.5 | 7.6 | 16.4 | 30.8 | 3.5 | 2 326 |
| 3 | 511990 | 华宝现金添益 A | 2.0 | 4.1 | 6.8 | 14.4 | 29.3 | 3.0 | 1 742 |
| 4 | 000397 | 汇添富全额宝货币 | 2.2 | 4.5 | 7.6 | 16.1 | 29.4 | 3.4 | 1 739 |
| 5 | 040038 | 华安日日鑫货币 A | 2.1 | 4.3 | 7.1 | 15.1 | 32.4 | 3.2 | 1 729 |
| 6 | 050003 | 博时现金收益货币 A | 2.1 | 4.2 | 6.9 | 14.2 | 68.9 | 3.0 | 1 729 |
| 7 | 000719 | 南方现金通 E | 2.2 | 4.4 | 7.5 | 16.1 | 25.6 | 3.2 | 1 525 |
| 8 | 000621 | 易方达现金增利货币 B | 2.6 | 5.4 | 9.0 | 18.6 | 24.7 | 3.4 | 1 498 |
| 9 | 004137 | 博时合惠货币 B | 2.7 | 5.4 | 8.9 | 无 | 16.5 | 3.4 | 1 410 |
| 10 | 003515 | 国泰利是宝货币 | 2.1 | 4.3 | 7.1 | 无 | 14.0 | 2.8 | 1 402 |

同时，货币型基金的特性主要有三个：一是风险很低，每天都有收益，

且很少亏损；二是随存随取，流动性非常高，这是货币型基金资产净值占比能达到 40.51% 的原因之一；三是安全性很高，收益稳定，特别符合稳健型投资的要求。

市场上有很多只货币型基金，那么，我们怎样来挑选货币型基金？怎样挑选最"肥"的货币型基金？很简单，从如下四个维度来挑选。

一是挑选收益最大的货币型基金，通常以 7 日年化收益率为比较标准。虽然场内、场外都有，不过，在现实中我们大部分是在场外进行交易的，比如余额宝。

二是挑选规模适中的货币型基金，通常在 10 亿元以上。如果基金规模太小，那么管理机构基本上没有议价资格，也就是没有议价能力。

三是挑选散户比例适中的货币型基金，通常是 60%~70% 的散户。如果机构持有比例较高，那么我们可能会面临巨额赎回的风险，导致收益率受损。因为一旦机构遇到风险，他们会立马逼着基金经理赎回，我们自然会损失一部分收益。

四是买卖费率是实实在在的成本，要从收益中减去才是我们拿到手的最终收益，因此，买卖费率在对比中要最低。

下面以天天基金网为例，为大家演示挑选最"肥"的货币型基金的方法。

【手机版】

第 1 步：打开天天基金 App，点击"排行"，进入"收益"排行页面，点击"货币"，按收益大小显示货币型基金，然后点击"近 1 年"，如下图所示。

第 2 步：在最"肥"的基金选项中选择一只，跳转到基金详情页面中，我们可以看到 7 日年化收益率、基金规模、成立时间和持仓结构等信息，如下图所示。

第 3 步：点击"规则"跳转到"交易规则"页面，再点击"买入、卖出规则"链接，分别在"买入规则"和"卖出规则"页面中查看运作费用和卖出费率（注意时间点：如果在交易日当天 15：00 之前买入，基金净值就会按当天的基金净值来计算；如果在交易日当天 15：00 之后买入，基金净值就会按下一个交易日的基金净值来计算），如下图所示。

## 3.2 货币型基金的对比

如果大家想将中意的基金进行对比，则可以直接使用天天基金 App 中的 PK 功能来实现，操作方法如下。

第 1 步：在基金详情页面中点击"PK"，跳转到"基金对比"页面，如下图所示。

第 2 步：点击"添加对比基金"，然后选择需要对比的基金选项，点击"对比"，在跳转的页面中显示 PK 结果，如下图所示。

【电脑版】

第 1 步：打开天天基金网首页，依次单击“基金排行”→“货币基金排行”→“A 类”，按收益大小显示货币型基金，如下图所示。

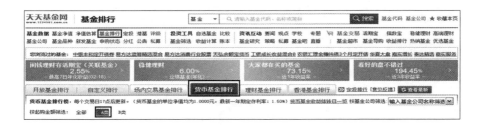

第 2 步：选择中意时间段的收益率排序，比如“近 1 月”，如下图所示。

按起购金额筛选：　全部　A类　B类

| 比较 | 序号 | 基金代码 | 基金简称 | 日期 | 万份收益 | 年化收益率 7日 | 年化收益率 14日 | 年化收益率 28日 | 净值 | 近1月 | 近3月 | 近6月 | 近1年 | 近2年 | 近3年 | 近5年 | 今年来 | 成立来 | 手续费 | ◉可购 ○全部 |
|---|---|---|---|---|---|---|---|---|---|---|---|---|---|---|---|---|---|---|---|---|
| □ | 1 | 004865 | 格林货币A | 02-18 | 0.5051 | 1.7740% | 1.67% | 2.11% | --- | 0.23% | 0.65% | 1.22% | 2.31% | 4.41% | 6.71% | --- | 0.32% | 12.64% | 0费率 | 购买 |
| □ | 2 | 003474 | 南方天天利货币B | 02-20 | 0.6856 | 2.5450% | 2.56% | 2.57% | --- | 0.22% | 0.64% | 1.27% | 2.55% | 5.03% | 8.10% | 17.58% | 0.34% | 18.76% | 0费率 | 购买 |
| □ | 3 | 000797 | 方正富邦金小宝货 | 02-18 | 0.6423 | 2.4660% | 2.45% | 2.46% | --- | 0.21% | 0.64% | 1.25% | 2.50% | 5.04% | 7.87% | 16.47% | 0.33% | 26.14% | 0费率 | 购买 |
| □ | 4 | 001909 | 创金合信货币A | 02-20 | 1.1598 | 2.1800% | 2.34% | 2.41% | --- | 0.21% | 0.63% | 1.25% | 2.51% | 5.10% | 8.26% | 16.27% | 0.34% | 20.45% | 0费率 | 购买 |
| □ | 5 | 002890 | 交银天利宝货币E | 02-18 | 0.6764 | 2.5370% | 2.54% | 2.54% | --- | 0.21% | 0.66% | 1.32% | 2.69% | 5.29% | 8.28% | 17.47% | 0.34% | 18.57% | 0费率 | 购买 |
| □ | 6 | 003483 | 交银天鑫宝货币E | 02-18 | 0.6600 | 2.4880% | 2.52% | 2.55% | --- | 0.21% | 0.65% | 1.28% | 2.60% | 5.12% | 8.02% | 16.56% | 0.34% | 17.22% | 0费率 | 购买 |
| □ | 7 | 003252 | 大成添益交易型货 | 02-20 | 0.5391 | 2.0490% | 2.05% | 2.53% | --- | 0.21% | 0.58% | 1.16% | 2.30% | 4.65% | 7.17% | 15.09% | 0.32% | 16.33% | 0费率 | 购买 |
| □ | 8 | 003969 | 交银天益宝货币E | 02-18 | 0.6298 | 2.3560% | 2.42% | 2.45% | --- | 0.21% | 0.65% | 1.26% | 2.51% | 4.95% | 7.85% | 16.44% | 0.33% | 17.14% | 0费率 | 购买 |

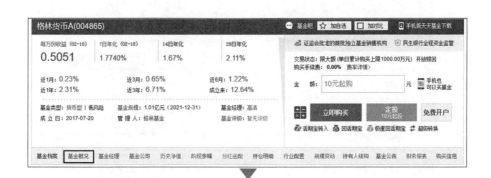

第 3 步：选择最“肥”的货币型基金，打开它对应的详细信息页面，比如月收益率排名第一的格林货币 A，单击“基金概况”，在打开的“基本概况”页面中可以看到资产规模、买卖费率等关键信息，如下图所示。

第 4 步：在看完持仓比例后，如果不符合我们挑选最"肥"基金的四个维度要求，则需要重新进行操作，也就是重复第 1~3 步直到挑选出最"肥"的货币型基金。

如果大家在几只货币型基金之间犹豫，则可以让网站自动进行对比，方法如下。

第 1 步：在"基金排行"页面中选择要比较的基金（勾选基金选项前面的复选框），然后在页面右侧弹出的对话框中单击"比较"按钮，如下图所示。

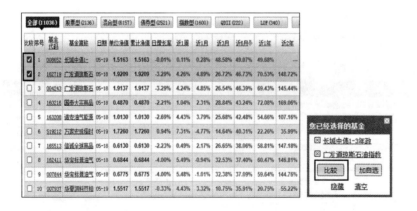

第 2 步：在跳转的页面中，大家就可以看到它们的比较结果，如下图所示。

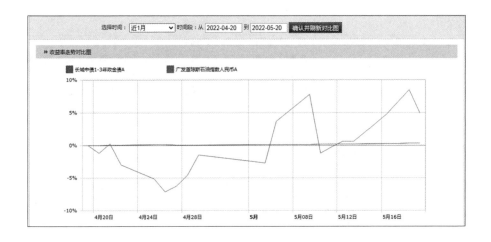

## 3.3　债券型基金的优势

　　债券型基金是指以国债、金融债等固定收益类金融工具为主要投资对象的基金，因为其投资的产品收益比较稳定，又被称为"固定收益基金"。根据投资股票的比例不同，债券型基金又可分为纯债券型基金与偏债券型基金。

　　债券型基金独具三个特点：一是 80% 以上的仓位必须投资于债券市场；二是主要以国债、金融债等固定收益类金融工具为投资对象；三是低风险和低收益。下表所示是市场上规模比较大的十只债券型基金，大家可以看出，债券型基金的投资类型分为长期、中短期和混合。

| 序　　号 | 代　　码 | 名　　称 | 近一年净值增长率（%） | 近两年净值增长率（%） | 近三年净值增长率（%） | 近五年净值增长率（%） | 成立以来净值增长率（%） | 年化回报（%） | 基金规模（亿元） | 投资类型 |
|---|---|---|---|---|---|---|---|---|---|---|
| 1 | 003526 | 农银汇理金穗纯债3个月定开债 | 2.4 | 4.9 | 8.2 | 无 | 14.7 | 2.9 | 746 | 长期纯债型基金 |
| 2 | 004722 | 中银丰和定期开放债券 | 4.2 | 8.2 | 13.2 | 无 | 18.7 | 4.2 | 465 | 长期纯债型基金 |
| 3 | 005309 | 中银证券汇嘉定期开放债券 | 4.7 | 8.7 | 13.3 | 无 | 16.8 | 4.7 | 426 | 长期纯债型基金 |

续表

| 序　号 | 代　码 | 名　称 | 近一年净值增长率（%） | 近两年净值增长率（%） | 近三年净值增长率（%） | 近五年净值增长率（%） | 成立以来净值增长率（%） | 年化回报（%） | 基金规模（亿元） | 投资类型 |
|---|---|---|---|---|---|---|---|---|---|---|
| 4 | 002351 | 易方达裕祥回报债券 | 11.5 | 32.6 | 51.4 | 63.2 | 67.7 | 9.7 | 392 | 混合债券型基金（二级） |
| 5 | 000171 | 易方达裕丰回报债券 | 11.3 | 24.6 | 34.3 | 49.4 | 118.6 | 10.3 | 391 | 混合债券型基金（二级） |
| 6 | 003929 | 中银证券安进债券A | 4.2 | 7.6 | 12.2 | 无 | 19.5 | 3.9 | 331 | 长期纯债型基金 |
| 7 | 007916 | 财通资管鸿福短债C | 3.2 | 无 | 无 | 无 | 7.6 | 4.1 | 286 | 中短期纯债型基金 |
| 8 | 003313 | 中银睿享定开债券 | 3.5 | 6.7 | 11.8 | 无 | 19.5 | 3.7 | 244 | 长期纯债型基金 |
| 9 | 002898 | 富国两年期理财债券A | −5.1 | −0.6 | 2.6 | 无 | 8.8 | 1.8 | 236 | 长期纯债型基金 |
| 10 | 007967 | 大成惠嘉一年定开债券 | 3.2 | 无 | 无 | 无 | 4.5 | 2.7 | 215 | 长期纯债型基金 |

不过，在实际投资中，债券型基金又分为纯债基金、混合型基金和可转债基金。其中，纯债基金只能投资于债券；混合型基金必须将80%的仓位投资于债券，剩余的部分可投资于股票和可转债，收益率在6%左右，而长期纯债型基金的收益率为2%~4%；可转债基金在风险上类似于股票。因此，相比较而言，建议稳健型投资者选择前两类债券型基金。

有人会觉得买债券型基金不就是投资债券吗？我们为什么不直接买债券呢？原因有如下几点。

一是债券型基金不仅投资门槛非常低（10元就能进入），而且申赎自由（随时进入和退出），还可以在二级市场上进行买卖；而债券的投资门槛较高，假如没到约定期限，则只能在场内进行买卖，并且是追加卖出。因此，债券型基金相比于债券的流动性更强。

二是债券型基金是一个组合，而且是一揽子搭配好的组合，风险分散；而债券是单只或者多只债券，不是一个组合，风险没有被分散。因此，债券型基金相比于债券的风险更低。

三是债券型基金的买卖非常方便，一部手机就可以操作，而且管理人是专业的基金经理；而债券的限制非常高，管理人可能是你自己。因此，债券型基金相比于债券更容易买卖，管理也更加专业化。

## 3.4　债券型基金如何挑选

我们要买债券型基金，应该怎么来挑选? 应该关注哪些关键信息?

### 1. 基金历年收益率、成立时间和规模

基金历年收益率也就是业绩，一般进行同类之间的行业对比，最好选择排名靠前的。成立时间最好在 5 年以上。规模至少大于 5 亿元。

### 2. 基金经理变动

一般基金经理会有一个长时间的投资目标，所以，大家最好不要选那些频繁更换基金经理的基金。

### 3. 基金持仓结构和费率

债券型基金在分大类的同时还会细分，包括纯债基金、混合型基金和可转债基金。所以，大家一定要关注基金的持仓结构，比如持有多少债券、持有多少股票、持有多少可转债。毕竟股票和可转债的风险会更高，作为稳健型投资者必须关注这一点。

同时，基金的费率代表成本。如果大家要买入纯债基金，那么最好选择持有国债或金融机构债占比 20% 以上的基金。

### 4. 基金风险

最大回撤意味着该基金未来可能出现的最大亏损，作为稳健型投资者必须关注这个指标，并选择那些风险相对最小的或自己能承受的基金。

在实际投资中，大家怎样来具体挑选债券型基金? 这里以天天基金 App 为例来讲解怎么挑选债券型基金（查看关键数据）。

第 1 步：打开天天基金 App，依次点击"排行"→"债券"→"近 5 年"，找出近 5 年收益率排名靠前的基金，如下图所示。然后选择一只基金进入其详情页面。

第2步：在"基金档案"栏中可以看到基金的成立时间、基金规模、基金经理的管理时长及持仓结构，如下图所示。

第3步：在"交易规则"栏中点击"买入、卖出规则"链接，跳转到买入

规则和卖出规则页面，查看费率，如下图所示。

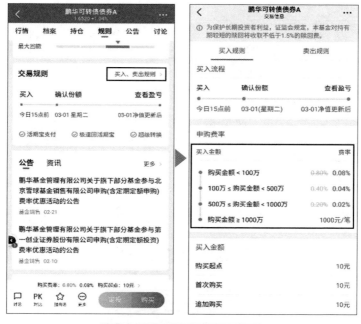

　　第 4 步：点击"诊断"，跳转到"诊断详情"页面，点击"风险数据"，查看最大回撤数据（夏普比率），如下图所示。

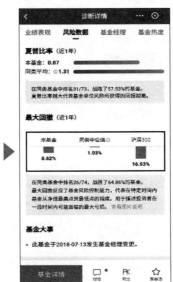

# 第4章

# 低风险基金怎么买（可转债）

　　如果大家觉得货币型基金和债券型基金的收益太低了，只能稍微跑赢通货膨胀和银行定期存款利率，那么我们可以把目光转移到可转债上，它不仅可以在风险较低的情况下获得不错的收益，还能根据市场变化灵活调整，将其转换为股票，从而获得较高的超额收益，做到进可攻、退可守。当然，可转债转股套利可谓八面埋伏、风浪四起，大家不仅要观察市场走向，还得与发行公司斗智斗勇。具体怎么操作，下面将会详细讲解。

## 4.1 可转债的本质——上市公司的借条

可转债的全称是"可转换公司债券"，是上市公司为募资发行的一种特殊的债券。其最大的特点在于"可转的灵活性"，即债权人可以在债券发行的6个月后按照约定的价格把债券转换成股票，如果不愿意转换成股票，则继续持有，到期收到偿还的本金和利息，并且是可以在市场上出售的，其本质就是一张借条——上市公司用它向你借钱，你成为上市公司的债主，面值通常为 100 元，期限一般为 5 年左右，利率通常比市场利率低。

为了帮助大家理解，下面举一个例子。

张三开了一家中餐店，由于特色菜和新菜的开发，顾客越来越多，生意越来越好。张三打算扩大规模，但资金不够。于是张三准备向周围的人借钱融资，约定期限还本付息，但又不想给太高的利息，于是给了债主一个福利：可将持有的债券在一定条件下转换为自己中餐店的股票，成为中餐店的股东，只要中餐店的生意越来越好，股票的价格随之上涨，债主变卖后收益肯定会变得更多。对于那些不愿意承担风险的债主，可一直持有直到约定期限后一次性还本付息。

对于投资者而言，当上市公司股价上涨时，就直接高价卖掉债券或转换成股票卖出获利；反之，当股价低迷或下跌时，就一直持有获得利息收入，做到进可攻、退可守。下面为大家简单演示。

张三中餐店的当前股价为 50 元 / 股，发行了可转债并约定可按 50 元 / 股的价位更换为股票。假设李四买了 10 000 元的可转债，某天中餐店的股价上涨到 100 元 / 股，这时他有三种操作方式可选。

操作方式一：李四按照约定的 50 元 / 股兑换，他可以兑换 200 只股票，然后以 100 元 / 股的价格卖出，获取 10 000 元差价。

操作方式二：李四寻找有意向购买他债券的人（继续看好中餐店的股价），

以较高的价格卖出，获取差价，实现套利。

操作方式三：李四同样看好中餐店的未来股价或只想获取到期后的利息，他可以继续持有。

反之，某天中餐店的股价下跌到 20 元／股，如果卖出债券或转换为股票，那肯定是亏本的。此时，李四可以继续持有等待中餐店的股价上涨，瞅准时机卖掉或等待约定期限赚取利息。

## 4.2　可转债的基本要素

我们要购买可转债，一定要弄清楚可转债的基本要素，就像购买一件商品，你必须知道它的名称、价格、功能、属性、什么时候卖等。

### 1. 名称和代码

可转债的名称就像人的姓名一样，比如津滨发展、金智科技等。同时，它还会有一个代码，一般都是区域代码（不同地区有不同的区号），类似于身份证号码，比如 601116、002090 等，最直接的目的就是便于区分和查找。下面列举几个不同区域代码的"家"。

以 110 开头：沪市以 600 开头的股票对应的可转债。

以 132 开头：沪市发行的可交债。

以 123 开头：深圳创业板以 300 开头的股票对应的可转债。

以 127 开头：深圳主板以 000 开头的股票对应的可转债。

### 2. 发行规模及发行数量

在根据名称和代码找到对应的可转债后，要明确知晓它的体量，也就是发行的规模和数量。比如本次发行 1 亿元可转债，发行数量为 10 万手（100 万张），其中，1 亿元代表这份可转债有多大的分量，相当于货物的吨量；10 万手表示可以拆分的数量（在深市中计数单位为张，1 张 =100 元；在沪市中计数单位为手，1 手 =10 张 =1 000 元），这样大家就能知道自己能买多少或中签多少。

### 3. 票面金额和发行价格

因为票面金额与发行价格都是 100 元，所以大家可以直接将其理解为一回事儿。

### 4. 债券期限

债券期限相当于借款日期，即上市公司什么时候把钱还给债主。在通常情况下是 1~6 年，不过在现实操作中大部分债主都没有坚持到最后。

### 5. 票面利率

票面利率是借钱的上市公司承诺给债主的利息计算方式，与银行利率一样明码标价，通常时间越长利率越高，比如第一年 0.20%、第二年 0.80%、第三年 1.50%、第四年 2.10%、第五年 3.20%、第六年 4.00% 等。

### 6. 还本付息的期限和方式

它表示借钱的上市公司什么时候用什么方式把本金和利息还给债主，比如在公告中会写明"本次发行的可转债采用每年付息一次的付息方式，到期归还本金和最后一年利息"等字样。

### 7. 信用评级及担保事项

信用评级相当于我们的个人信用，评级越高信用越好，通常有 A+、AA−、AA、AA+、AAA 共五个等级，其中 AAA 评级是最高的。

上市公司要向投资者借钱担保，大体分为三种情况：一是净资产有 15 亿元或以上的，可以不提供担保；二是创业板不需要提供担保；三是除前两类外的上市公司需要提供担保，空口白牙不行。

### 8. 转股期

转股期是指债主在什么时间段可以将债券转换为股票，在通常情况下是可转债发行结束日之后的半年就可以，直到可转债到期（结束日）。在这里大家只需留意一点：转股期计算的基准是发行结束之日（T+4 日）而非发行之日（T 日），示意图如下页图所示。

### 9. 初始转股价格

初始转股价格是股东第一次股权转让的工商备案的每股价格，也就是转换成一只股票所花的钱。不同于增发价，它是上市公司事先约定的，不会随着市场的波动发生涨跌，但会因配股、增发、送股、派息、分立及其他原因引起上市公司股份变动调整转股价格，也会因为可转债的价格变动进行转股价格下修。

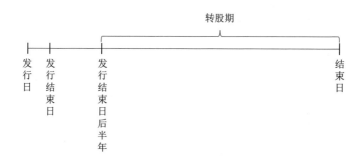

它有三个前提条件：一是不低于募集说明书公告之日前 20 个交易日股票交易均价（加权）；二是不低于前一个交易日公司普通股股票交易均价（加权）；三是不低于最近一期经审计的每股净资产和股票面值。

### 10. 转换比率与转换溢价率

与转股价格紧密相连的两个概念是转换比率与转换溢价率。转换比率是指一个单位的债券转换成股票的数量，即：

$$转换比率＝单位可转换公司债券的面值 ÷ 转股价格$$

转换溢价是指转股价格超过可转换公司债券的转换价值（可转换公司债券按标的股票时价转换的价值）的部分；转换溢价率则指转换溢价与转换价值的比率，即：

$$转换溢价率 ＝（转股价格 － 股票价格）÷ 股票价格$$

### 11. 转股价格下修

当公司普通股股票在任意连续 30 个交易日中有 15 个交易日的收盘价低于当期转股价格的 80% 时（此时投资者转股意味着损失 20%），公司股票价格即将触发回售条款，公司董事会有权提出转股价格向下修正方案并提交公司股东大会审议表决。不过下修是公司的权利，而非义务，公司可以申请下修转股价格，也可以不申请。

当股东大会进行表决时，持有可转债的股东没有投票权。为了确保下修议案能顺利通过，控股股东往往会在下修前清仓可转债，这一点可作为判断可转债是否会下修的依据。

修正后的转股价格应不低于审议上述方案的股东大会召开日前 20 个交易日和前一个交易日公司普通股股票交易均价，同时应不低于最近一期经审计的每股净资产和股票面值。

### 12. 转股数量的确定

计算公式为：

$$转股数量 = 可转债的金额 ÷ 转股价格$$

或

$$转股数量 = 转债张数 × 100 ÷ 转股价格$$

比如某可转债的转股价格为 10 元 / 股，某投资者持有 1 手可转债，1 手可转债为 10 张，所以总面值为 1 000 元，那么转股数量就是 1 000÷10=100（股）。

### 13. 赎回条件

可转债的赎回分为两种情况：一是到期赎回；二是有条件赎回。前者是在可转债期满后 5 个交易日内，公司将以可转债面值的 110%（含最后一年利息）的价格赎回全部未转股的可转债。

后者就是我们所说的"强赎"，它分为两种情况：第一种是在转股期内，股票连续 30 个交易日中有 15 个交易日的收盘价格不低于转股价格的 130% 时（条款简写为：15/30，130%），在这个时候转股，投资者可以套利 30%；第二种是未转股余额不足 3 000 万元时，也就是大家都转股了，没剩多少人还没转股，公司就把这些可转债赎回去了。

### 14. 回售条款

回售条款类似于兜底，是对债主提供的一项安全性保障，也是债主的一项权利，债主可以根据市场的变化选择是否行使这种权利：当债券的转换价值远低于债券面值时，债主可依据一定的条件要求发行公司以面值加计利息补偿金的价格收回可转换公司债券。在通常情况下可分为无条件回售和有条件回售。

无条件回售可简单理解为发行公司提前偿还债主本金和利息，有的是在固定回售时间或约定的时间进行，有的是在可转换公司债券偿还期的后 1/3 或一半之后进行。

有条件回售是当公司股价持续低迷一段时间并且低迷达到一定幅度（时长和幅度）时，债权人就可以按事先约定的价格将所持债券卖给发行人（债务人）。此时的回售价格一般比市场利率确定的价格稍低，但比债券票面利率高。

在股票价格持续低迷的情况下，回售条款对债权人或投资人具有重要的保护作用。由于回售条款的触发比例通常较转股价格修正条款的触发比例低，如果发行人不希望回售出现，则可以在标的股价下跌至满足条件回售的规定前，向下修正转股价格以避免回售（除非股价跌至每股净资产以下）。所以，条件回售条款对不愿意回售可转债的发行人而言，在一定程度上是形同虚设的。

# 4.3　查看可转债基本资料

投资可转债，首先要在募集说明书和发行合同中了解它的基本条款，弄懂游戏规则，并及时了解可转债的公告、行情和新闻等。一些朋友可能不知道在哪里查找，在这里为大家列举一些常用的渠道，包括和讯网、东方财富网、深圳证券交易所、中金在线（债券频道）、证券之星、腾讯财经、上海证券交易所、巨潮资讯网、发行可转债的上市公司。

# 4.4　5 分钟看透可转债说明书

市面上的可转债虽然有成千上万只，但可转债公告"大体上"只有一份，因为可转债说明书中的很多内容基本上是差不多甚至是统一的，大家不用浪费大量的时间去细看，只需要看 4 个点（要素）：转股价、强制赎回条款、下调转股价条款和回售保护条款，花费的时间不超过 5 分钟。

下面以上海某电缆企业的可转债说明书为例。

### 1. 转股价

本次发行的可转换公司债券的初始转股价格为 20.53 元 / 股，不低于募集说明书公告日前 20 个交易日公司 A 股股票交易均价（若在该 20 个交易日内发生过因除权、除息引起股价调整的情形，则对调整前交易日的交易均价按经过相应除权、除息调整后的价格计算）和前一个交易日公司 A 股股票交易均价。

关键信息：初始转股价格为 20.53 元 / 股。

### 2. 强制赎回条款

在本次发行的可转换公司债券转股期内，如果公司 A 股股票连续 30 个交易日中至少有 15 个交易日的收盘价格高于当期转股价格的 130%（含 130%）。

关键信息：30 个交易日至少 15 个交易日 130% 赎回。

### 3. 下调转股价条款

在本次发行的可转债存续期间，当公司股票在任意连续 30 个交易日中至少有 15 个交易日的收盘价低于当期转股价格的 85% 时，公司董事会有权提出转股价格向下修正方案并提交公司股东大会审议表决，该方案须经出席会议的股东所持表决权的 2/3 以上通过方可实施。修正后的转股价格应不低于该次股东大会召开日前 20 个交易日公司股票交易均价和前一个交易日公司股票交易均价。

关键信息：30 个交易日至少 15 个交易日低于 85% 下调。

### 4. 回售保护条款

在本次发行的可转换公司债券最后两个计息年度内，如果公司股票在任意连续 30 个交易日的收盘价格低于当期转股价的 70%，那么可转换公司债券持有人有权将其持有的可转换公司债券全部或部分按面值加上当期应计利息的价格回售给公司。

关键信息：从第二年开始的任意 30 个交易日低于 70% 回售。

## 4.5　双低手法 + 优选

可转债其实也是一种商品，既然要赚取差价，就需要把成本降低，也就是低价买入。大家知道转换溢价率是指可转换债券市场价格相对于可转换债券市场价格转换值的溢价水平。转换溢价率越高，可转换债券的持股越少；相反，可转换债券的持股越多。也就是低溢价率能让我们同样的债券兑换更多的正股（股份转让溢价为负，很快出现套利机会）。

总结：双低手法就是低价买入、兑换更多的持有策略。

**1.什么是低价**

低价没有绝对的标准，只有相对的比较。一是与过去的价格进行比较，即与发行过的可转债价格进行比较，比如通过计算过去一些年限的可转债价格绝大多数在 130 元左右，那么我们就将 130 元作为锚点，低于 130 元就是低价。二是与最近发行的可转债价格进行比较，选择价格相对较低的可转债（在可转债网页中直接单击"排序"按钮就可以按价格由低到高自动排序，如下图所示）。

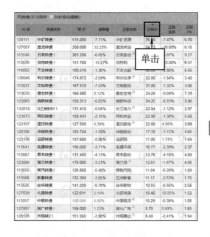
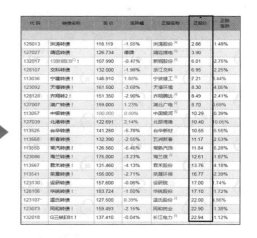

三是自己心里的锚点和偏好，比如我自己认为 110~115 元就是低价区。当然，通常情况下，大家不要指望出现低于可转债面值的价格 100 元。

### 2.什么是低溢价率

溢价率／转股溢价率在通常情况下没有负值，只有正值，因为可转债是有利息的看涨期权，市场通常都会给予溢价。因此，溢价率越高，它跟随正股上涨的关联程度越低；而溢价率越低，它跟随正股上涨的关联程度越高。那么，我们要赚钱，就需要选择溢价率低的可转债。具体有没有高低标准？根据我个人的投资经验，以 25% 作为参考点，溢价率低于 25% 就是低溢价率，反之就是高溢价率。

### 3.优选

买可转债与买其他商品是一样的，不仅要考虑买入价格和买入数量，还必须考虑"品质"，不能买入"劣质货"砸到自己手里，尽可能把风险降低。

怎样优选？常规方法有两个：一是选择基本面好的可转债；二是交易流动性不错的可转债。

- **选择基本面好的可转债**：选择业绩比较好的公司或连续盈利的公司，如果是朝阳行业就更好了。
- **交易流动性不错的可转债**：可转债本来就是一个小众投资产品，买卖人数相对有限。对于那些日成交量很少的可转债，我们可以不考虑或少考虑，因为资金稍大，就会造成对手盘不够的情况，影响我们的操作和买入成本。在一般情况下，日均成交量大于 500 万元的可转债的可交易性相对较好。

## 4.6 从债券投资的角度来选择可转债

投资债券主要看发债主体的信用风险和票息，信用等级越高，提供的票息越低；信用等级越低，提供的票息越高。原因很简单，票息的差价用来弥补信用等级的不足。所以，债券的投资策略很简单，愿意承担什么样的信用等级，就可以"吃到"对应的票息。

因此，从债券投资的角度来选择可转债，核心出发点仍然是信用风险和票息。同时，可转债还有两个债券不具备的优点：一是可转债存在债底，因此信用风险和票息之间的反相关并不明显；二是可转债的流动性高于债券的流动性。

具体操作可从三个方面入手，都是围绕着 YTM 入手的（YTM 是指把未来的投资收益折算成现值，使之成为价格或初始投资投资额的贴现收益率，简称到期收益率或内部收益率）。

### 1. 高等级的可转债

它是指 YTM 在 3% 左右、信用评级为 AAA 的可转债，与银行类转债几乎相同，基本不存在违约风险，而且它下修的空间和溢价率都比较高，我们完全可以放心地将其当作纯债参与。

### 2. 稍微降低部分资质

可转债在信用风险可控的情况下完全具有债底保护，价格走势和股票资产的相关性比较低，即使正股下跌，高收益率受到波动的影响也相对较小，而且往往具有相对优势。另外，可转债的整体信用风险可控。如果 YTM 相对较高，那么我们也可以在控制风险的情况下适当增加一些信用的容忍度，即使信用评级为 AA 的可转债也可以选择。

### 3. 高收益债挖掘

在通常情况下，当信用风险较高时，往往会出现大幅跌破债底的高收益品种，YTM 甚至会接近 10%，完全不失为极好的超额收益品种。比如 2018 年的辉丰、利欧，2021 年的鸿达、亚药、广汇等。其中，蓝标和利欧受到下修条款的助益，亚药和广汇主要得益于估值的修复。这说明可转债的信用风险可以被下修条款和正股的强势表现进行部分对冲。加上可转债的流动性远好于纯债的流动性，从债券投资的角度来看，可转债是非常适合高收益债挖掘的品种，大家可以去挖掘和博弈可转债可能的收益空间。

## 4.7　预估可转债中签概率

申购可转债是否能中签，对于普通投资者而言最重要的参数是"中签率"。除了一键式的定格申购，我们可以通过普通投资者可申购的总金额与所有投资者申购的金额的关系进行简单推算。

中签率是指投资者一旦中签，实际得到的额度与申报额度的比率，比如你申购 100 万元，中签后获配 10 张可转债，金额为 1 000 元，那么中签率就是 0.1%（中签率＝所有申购者可得到的金额÷所有投资者申购的金额×100%）。

我们在这里讲解的中签率不是要计算已经中签的比率，而是要预估我们中签的比率，也就是预算、估算。其目的有二：一是做好资金准备，以免中签后没有足够的资金造成违约，从而错失机会。比如 2018 年发行的佳都转债，由于放弃申购的人数太多，单账户满额申购可中 23 签，投资者就需要拿出 23 000 元，在资金准备不足的情况下很容易因弃缴而造成违约。二是做好账户准备，比如我们决心要拿下多少签，就必须根据中签率来对应准备申购账户。其计算公式如下：

中签率＝发行金额 ×(1− 原股东优先配售比例 )÷ 网上申购金额 ×100%

其中，网上申购金额＝网上满额等效申购户数 × 网上单账户申购上限。

比如一只可转债的发行规模 10 亿元，原股东配售参与了 30%，剩下的全部网上发行，60 万投资者平均每人申购 100 万元，那么中签率就是 0.12%［10 亿 ×(1−30 % )÷(60 万 ×100 万 )×100 % ＝7 亿 ÷6 000 亿 ×100 % ＝0.12%］。中签率计算无意义的几个点需要提示大家。

一是配债申购比例太大中签率计算无意义，比如发行公司给原股东 90% 的份额，余额只有 10%。同时，原股东看好公司行情和股票质量，通常会行使自己特有的优先配售权坐等配债。

二是抢购的人数太多了，中签率计算的意义不大，因为中签率值太小，比如 0.001%，我们也无法把握，就只能看运气。

三是发行公司把大部分额度分给网下的投资者，比如有 90% 的份额，网上的投资者没有机会参与，中签率的计算也就没有意义。

# 4.8　预估可转债的上市价格

可转债投资虽然属于低风险投资，但不是没有风险，每年仍然有破发的，导致投资者亏钱或浪费精力。那么，一只可转债值不值得申购，大家可通过

预估其上市价格来判定。怎样预估呢? 通过一个简单的公式可以轻松计算得出:

可转债预期上市价 = 转股价值 × 同类可转债的转股溢价率

根据公式，大家只需计算出两个关键参数: 转股价值和同类可转债的转股溢价率。

### 1. 转股价值

转股价值表示一张可转债可以换成多少钱的正股股票 ( 必须是同一家公司的)，比如一张同和转债( 123073 )可以换成几股同和药业的股票( 300636 )，计算公式为: 债券面值( 100 元 ) ÷ 转股价格( 36.34 元 / 股 )=2.752 股股票，也就是说，一张同和债券能换 2.752 股股票。然后再用当前股价相乘就能计算出转股价值。整个计算公式如下:

转股价值 = 债券面值 ÷ 转股价格 × 正股股价

其中，债券面值基本上是 100 元; 转股价格在可转债合同上会写明; 正股股价也就是股票当天的收盘价。以 2022 年 4 月 7 日的同和转债为例，计算转股价值为 100÷36.34×23.62=64.997 ( 元 )。

### 2. 转股溢价率

转股溢价率是指可转债的实际成交价格与它的转股价值之间的比率 ( 可转债价格 ÷ 转股价值 - 1 )，根据这个公式我们可以简单估算可转债的上市价格 = 转股价值 × ( 1+ 转股溢价率 )。前者在上面已经计算出来了，现在我们只需预估后者。因为是预估，所以我们分析溢价率的方法主要是参考同行业或类似的可转债，同时感受当时的大盘情绪等。

（1）参考同行业或类似的可转债

预估溢价率较为合理的方法就是参考同行业或类似的可转债，它们的可转债价格基本确定，新上市的可转债溢价率相差不大，比如金牌转债，已上市的家具业转债有好客转债和百合转债。其中，金牌厨柜目前的市值为 40 亿元，好莱客的市值为 45 亿元，梦百合的市值为 64 亿元，刚好与金牌厨柜的市值相差不大。另外，金牌转债的转股价值是 95.88 元，好客转债的转股价值是 88.09 元，百合转债的转股价值是 140.55 元，经过对比，好客转债更加值得参考——它的交易价格是 107.95 元，溢价率为 22%，那么，金牌转债的上市价预估价为 116.973 6 元。

当然，大家也可以直接在公布的数据中找到对应行业或可转债的溢价率，如下图所示。

| 行号 | 操作 | 代码 | 转债名称 | 规模 | 溢跌幅 | 正股代码 | 正股名称 | 正股价 | 正股涨幅 | 正股PB | 转股价 | 转股价值 | 溢价率 | 双低 | 下修条件 | 地域 | 绑债价值 | 评级 | 期权价值 | 回售触发价 | 强赎触发价 |
|---|---|---|---|---|---|---|---|---|---|---|---|---|---|---|---|---|---|---|---|---|---|
| 1 | ⊞ | 127057 | 盘龙转债 | 157.300 | 57.30% | 002864 | 盘龙药业 | 60.80 | -9.99% | 6.83 | 26.59 | 228.66 | -31.21% | 126.09 | 15/30 85% | 陕西 | 会员 | A+ | 增强 | 18.61 | 34.57 |
| 2 | ⊞ | 113036 | 宁建转债 | 144.200 | 4.16% | 601789 | 宁波建工 | 6.97 | 5.29% | 1.94 | 4.76 | 146.43 | -1.52% | 142.68 | 10/15 90% | 浙江 | 会员 | AA | 增强 | 3.33 | 6.19 |
| 3 | ⊞ | 113620 | 敖农转债 | 165.380 | 1.61% | 603363 | 敖农生物 | 24.29 | 3.01% | 7.18 | 14.52 | 167.29 | -1.14% | 164.24 | 15/30 85% | 福建 | 会员 | AA | 增强 | 10.16 | 18.88 |
| 4 | ⊞ | 113057 | 中银转债 | 100.000 | 0.00% | 601881 | 中国银河 | 10.33 | 2.28% | 1.06 | 10.24 | 100.88 | -0.87% | 99.13 | 15/30 80% | 北京 | 会员 | AAA | 增强 | | 13.31 |
| 5 | ⊞ | 128107 | 文科转债 | 134.668 | 2.41% | 002061 | 浙江交科 | 7.11 | 5.02% | 1.19 | 5.24 | 135.69 | -0.75% | 133.92 | 20/30 85% | 浙江 | 会员 | AA+ | 增强 | 3.67 | 6.81 |
| 6 | ⊞ | 132018 | 三峡EB1 | 137.460 | 1.08% | 600900 | 长江电力 | 23.20 | 2.34% | 3.00 | 16.74 | 135.75 | -0.45% | 137.01 | 15/30 85% | 北京 | 会员 | AAA | 增强 | 11.72 | 20.09 |
| 7 | ⊞ | 118002 | 天合转债 | 101.900 | -2.09% | 688599 | 天合光能 | 51.44 | -1.64% | 5.73 | 50.40 | 102.06 | -0.16% | 101.74 | 15/30 85% | 江苏 | 会员 | AA+ | 增强 | 35.28 | 65.52 |
| 8 | ⊞ | 113660 | 常汽转债 | 133.870 | 0.47% | 603036 | 常熟汽饰 | 12.50 | 0.32% | 1.15 | 9.33 | 133.98 | -0.08% | 133.79 | 15/30 85% | 江苏 | 会员 | AA | 增强 | 6.53 | 12.13 |
| 9 | ⊞ | 113548 | 石英转债 | 387.020 | -0.25% | 603688 | 石英股份 | 57.80 | 3.40% | 9.85 | 14.93 | 387.14 | -0.03% | 386.99 | 15/30 80% | 江苏 | 会员 | AA- | 增强 | 10.45 | 19.41 |
| 10 | ⊞ | 132017 | 18新钢EB | 108.500 | -0.45% | 600782 | 新钢股份 | 6.18 | 1.98% | 0.76 | 5.69 | 108.15 | 0.35% | 108.85 | 15/30 85% | 江西 | 会员 | AA+ | 增强 | 3.41 | 7.40 |
| 11 | ⊞ | 127027 | 靖远转债 | 126.734 | -1.29% | 000552 | 靖远煤电 | 3.95 | -1.50% | 1.09 | 3.13 | 126.20 | 0.42% | 127.15 | 15/30 85% | 甘肃 | 会员 | AA+ | 增强 | 2.19 | 4.07 |
| 12 | ⊞ | 123092 | 天壕转债 | 167.666 | -0.72% | 300332 | 天壕环境 | 8.65 | 0.70% | 2.15 | 5.19 | 166.67 | 0.60% | 168.27 | 15/30 85% | 北京 | 会员 | A+ | 增强 | 3.63 | 6.75 |
| 13 | ⊞ | 128106 | 华统转债 | 187.130 | -0.99% | 002840 | 华统股份 | 17.40 | 0.58% | 4.73 | 9.37 | 185.70 | 0.77% | 187.90 | 15/30 85% | 浙江 | 会员 | AA- | 增强 | 6.56 | 12.18 |
| 14 | ⊞ | 113567 | 君禾转债 | 137.120 | -2.38% | 603617 | 君禾股份 | 14.36 | -0.83% | 5.01 | 10.58 | 135.73 | 1.03% | 135.71 | 15/30 85% | 浙江 | 会员 | AA | 增强 | 7.41 | 13.75 |
| 15 | ⊞ | 113541 | 荣晟转债 | 160.340 | -1.67% | 603165 | 荣晟环保 | 17.18 | -1.38% | 2.43 | 10.84* | 158.49 | 1.17% | 161.51 | 10/20 90% | 浙江 | 会员 | AA- | 增强 | 7.59 | 14.09 |
| 16 | ⊞ | 128046 | 利尔转债 | 178.600 | 5.36% | 002258 | 利尔化学 | 32.50 | 5.21% | 3.45 | 18.42 | 176.44 | 1.22% | 179.82 | 20/30 80% | 四川 | 会员 | AA | 增强 | 12.89 | 23.95 |
| 17 | ⊞ | 123083 | 朗新转债 | 169.549 | -2.99% | 300682 | 朗新科技 | 25.75 | -2.90% | 4.21 | 15.39 | 167.32 | 1.33% | 170.88 | 15/30 85% | 江苏 | 会员 | AA | 增强 | 10.77 | 20.01 |
| 18 | ⊞ | 127007 | 湖广转债 | 157.070 | -10.25% | 000665 | 湖北广电 | 8.64 | -10.00% | 1.64 | 5.58* | 149.52 | 1.65% | 154.16 | 15/30 85% | 湖北 | 会员 | AA+ | 增强 | 3.91 | 7.25 |
| 19 | ⊞ | 128128 | 齐翔转2 | 155.868 | 3.10% | 002408 | 齐翔腾达 | 8.70 | 3.08% | 1.99 | 5.69 | 152.90 | 1.94% | 157.81 | 10/20 90% | 山东 | 会员 | AA | 增强 | 3.98 | 7.40 |
| 20 | ⊞ | 127058 | 科伦转债 | 100.000 | 0.00% | 002422 | 科伦药业 | 16.75 | -0.95% | 1.75 | 17.11 | 97.90 | 2.15% | 102.15 | 10/30 85% | 四川 | 会员 | AA+ | 增强 | 11.98 | 22.24 |

（2）感受当时的大盘情绪

当时的大盘情绪对可转债上市时的价格影响很大，简单来说就是大家愿意买，大盘情绪就高，可转债的溢价率肯定也会随之上涨；反之则会出现破发。比如2018年年底大盘行情低迷，可转债上市纷纷破发（即使有AAA的评级转债）；到了2019年大盘行情持续上涨，可转债上市普遍获得了很高的溢价率，即使是评级很差的可转债。

# 4.9  网上可转债申购（散户）

申购是在可转债未上市交易时进行买入的一种行为，可简单理解为先报名，然后通过摇号来决定是否被选中（中签），因此，申购多少并不意味着能成交多少。

对于可转债的申购，这里可以分为两条路：一是常规申购；二是配债申购。

**1. 常规申购**

第1步：开通股票账户。大家需要开通至少一个股票账户。大家可以在喜欢的券商 App 上开通（在"新债"页面中），如下图（左）所示。

第 2 步：关注当天是否有新债发售。各大券商都会给出提示，可以直接根据券商的提示进行操作，如下图（右）所示。大家也可以关注一些可转债网站，比如集思录会有投资日历来标注哪天有哪些可转债上市。

第 3 步：在交易时间里进行申购。大家可在交易日的 9：00 到 15：00 准时申购。

第 4 步：顶格申购。由于中签率较低，同时要求大家准确分析可转债的品质实属太难。因此，为了提升中签率，建议大家在申购时顶格申购。券商会提示顶格申购如果全部中签则需要缴纳巨额的资金，对此大家不用担心，因为在大部分情况下我们能中 1 手就是万幸了。

第 5 步：关注中签结果。通常在申购后的第二个工作日会进行配号，第三个工作日会告知大家中签结果。一旦中签，大家要及时缴纳对应的金额，中 1 手需缴纳 1 000 元，中 2 手需缴纳 2 000 元，以此类推，在股票账户里面存入对应的金额即可。如果中签后没有足够的资金缴纳对应的金额，也没有太大关系，只要在三个月内没有超过三次就没有关系（超过三次就会对账户进行限制）。

**2. 配债申购**

上市公司在一定程度上要维护原股东的利益，在发行新股票、新债券、可转债前，都会优先满足原股东的需求，也就是原股东享有优先配售权。因此，你可以通过成为上市公司的原股东来获得这项权利，在可转债上市可被大众投资者申购的前一个交易日，主承销商将确定你的权利，对你进行配债，你将获得配发的可转债，行业内俗称"抢权"。

方法为：在股权登记日之前买入相关的正股股票，坐等配债。当然，这里面有波动风险，大家一定要留意。

配债申购可转债的计算方式为（沪市）：可配售手数 = 股权登记日收市后持有股数 × 配售比例 ÷1 000，可配售张数 = 股权登记日收市后持有股数 × 配售比例 ÷100。其中，配售比例如下图所示。

| 发行状况 | 债券代码 | 123056 | 债券简称 | 雪榕转债 |
|---|---|---|---|---|
| | 申购代码 | 370511 | 申购简称 | 雪榕发债 |
| | 原股东配售认购代码 | 380511 | 原股东配售认购简称 | 雪榕配债 |
| | 原股东股权登记日 | 2020-06-23 | 原股东每股配售额(元/股) | 1.3240 |
| | 正股代码 | 300511 | 正股简称 | 雪榕生物 |
| | 发行价格(元) | 100.00 | 实际募集资金总额(亿元) | 5.85 |
| | 申购日期 | 2020-06-24 周三 | 申购上限(万元) | 100 |
| | 发行对象 | (1)向公司原股东优先配售:发行公告公布的股权登记日(2020年6月23日,T-1日)收市后登记在册的公司原有股东。(2)网上发行:中华人民共和国境内持有深交所证券账户的社会公众投资者,包括自然人、法人、证券投资基金等(法律法规禁止购买者除外)。(3)本次发行的承销团成员的自营账户不得参与网上申购。 | | |
| | 发行类型 | 交易系统网上向社会公众发行 交易系统网上向原A股无限售股东优先配售 | | |
| | 发行备注 | 本次可转债向公司原股东优先配售,优先配售后余额部分给原股东放弃优先配售部分)采用网上向社会公众投资者通过深交所交易系统发售的方式进行。认购不足5.85亿元的余额由主承销商包销。 | | |
| | 正股价(元) | 7.11 | 正股市净率 | 1.66 |
| | 债券现价(元) | 107.73 | 转股价(元) | 11.03 |
| | 转股价值 | 64.46 | 转股溢价率 | 67.13% |
| | 回售触发价 | 7.72 | 强赎触发价 | 13.24 |
| 债券转换信息 | 转股开始日 | 2021年01月04日 | 转股结束日 | 2026年06月23日 |
| | 最新赎回执行日 | | 赎回价格(元) | |

# 4.10 网下可转债申购（机构）

网下申购可转债又叫网下配售可转债，可简单理解为不在股票交易网上申购可转债，适用对象是投资机构。如果遇到申购机构超额，则也会像散户网上申购一样进行摇号中签操作。操作流程如下。

第 1 步：下载表格。在联席保荐机构（联合主承销商）官方网站上下载《网下申购表》Excel 电子版。

第 2 步：填写表格。《网下申购表》填写完成以后，进行打印、签字、盖章和扫描。

第 3 步：发送资料。在申购日（T−1 日）17:00 之前将《网下申购表》Excel 文件、签字和盖章完毕的《网下申购表》扫描件、有效企业法人营业执照（副本）复印件或其他有效的法人资格证明文件复印件、深交所证券账户卡复印件或开户证明文件发送至保荐机构（联合主承销商）指定电子邮箱。

第 4 步：缴纳保证金。在申购日（T−1 日）17:00 之前按时足额将申购保证金缴纳至保荐机构（联合主承销商）指定账户，申购保证金数量为每一网下申购账户（或每个产品）50 万元。

第 5 步：结算申购资金。中签后，申购保证金不足以缴付申购资金，获得配售的机构投资者须在 T+2 日 17:00 之前，将其应补缴的申购资金划至证券指定的银行账户。当申购保证金大于申购资金时，多余的部分以及被认定为无效申购的申购保证金将会在 T+3 日通知收款银行按原收款路径无息退回。

## 4.11　买入时如何降低风险

我们多次强调可转债是低风险而不是无风险产品，爆雷亏钱的大有人在，因此，大家在买入时可以做一些风险规避。

一是多只分散操作，即每只平均买入一定数量，买入多只。假定可转债爆雷概率为 5%（实际远低于此），那么我们买入 20 只，假定到 120 元即卖出，那么只需要买入均价小于 113 元即可保证风险约为 0。

二是行业分散，也就是尽量避免持有同一行业过多的可转债，行业分散一些可以分摊突如其来的风险。

具体的买入策略大体有两种：等量买入和不等量买入。前者是分批次买入相同数量的可转债，比如以 105 元、110 元、115 元分批次各买入 30 张，平均成本就是 110 元；后者是分批次买入不同数量的可转债，比如以 105 元、110 元、115 元分批次各买入 10 张、20 张和 30 张，平均成本就是 111.67 元。

两种买入策略都能降低买入后继续下跌的风险，大家可以根据自己的投资风格来选择。

当然，如果你对可转债没有最基本的认知，则可以直接交给基金经理帮你操作。

## 4.12　快速卖出可转债的技巧

卖出可转债没有固定的时间，只要能够获利，随时都可以卖出。卖出的方法也很简单，只需在对应的 App 里面进行卖出操作即可。以涨乐财富通商券 App 为例，打开 App 后，依次点击进入个人页面→交易页面→债券页面，就可以看到所有的可转债。选择卖出的可转债，点击一下就会弹出一个窗口，然后选择"卖"，输入要卖出的数量，点击"卖出"，然后等待买家购买，如下图所示。

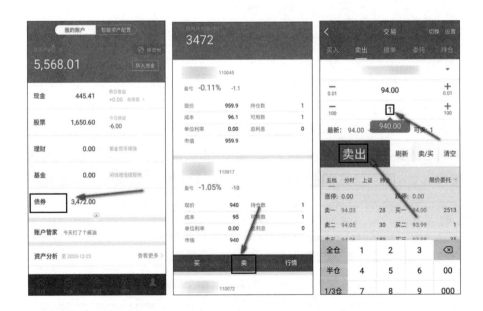

可转债买卖就像菜市场一样，每只可转债就像一棵蔬菜，很多人都在同时买卖，而且每个人都有自己的心理买价和卖价，但是，卖家都希望卖出最

高的价格，买家都希望买到最便宜的价格。所以，我们要想快速卖出手里的可转债，就需要挂出当天市场最低的价格，以符合买家的出价心理预期。

什么价格是当天市场的最低价呢？就是买家愿意出的最高价，也就是"买 1"的价格，下图中"买 1"的价格为 112.91 元。如果你怕无法成交，就填写更低的价格，甚至到"买 5"也可以，成交的价格是瞬间的"买 1"，而不会是你定的"买 5"。

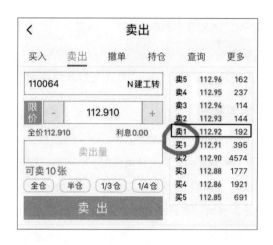

成功卖出后，可转债的持仓数显示为 0。如果显示的是可用为 0，持仓不为 0，则说明你只是挂了卖出的单子，并没有真正成交。这时，如果你要快速卖出就需要去撤单，重新设置卖出价格。

## 4.13　可转债正股套利

如果大家购买可转债只是为了赚取最后那点微薄的利息，其实大可不必这么麻烦，直接存入银行还会更加安全和便利，而且还能随时取出。因此，套利才是购买可转债的最终目的，也就是赚取差价，无论是投资大师还是散户。

可转债的套利与一般商品的套利一样，都是赚取差价，只不过可转债需要在特定的时机才能低风险或无风险地赚取差价，实现套利。

### 1. 向下修正转股价套利

假设某可转债的转股价为 15 元 / 股，其向下修正转股价的触发条件为"本公司股票在任意连续 20 个交易日中有 10 个交易日的收盘价低于当期转股价格的 90%"那么当正股股价有几个交易日低于 13.5 元 / 股时，发行公司为了不触发向下修正转股价条款，大概率会适当释放利好，或者出手拉升股价，让股价重新站上转股价的 90%——13.5 元 / 股。

此时，该可转债就出现了套利时机——正股股价连续数天跌破了 13.5 元 / 股，在 13 元 / 股以上徘徊，但又没有掉头向下，市场整体情况也比较稳定。大家可以抓住时机买入，比如以 13 元 / 股的价格买入，一旦发行公司释放利好消息或人为拉升股价，让正股股价重上 13.5 元 / 股，大家就能顺利套利。

### 2. 回售保护条款套利

假设某可转债的转股价为 15 元 / 股，其回售保护的触发条件为"如果公司股票收盘价连续 30 个交易日低于当期转股价格的 70%，可转债持有人有权将其持有的可转债按面值的 103%（含当期计息年度利息）回售给本公司"，那么，当正股股价即将触发该条件时，发行公司为了避免回售的发生，可能会采取种种措施提振股价（发行公司通过可转债融资，通常想要获得无成本的融资，也就意味着要想办法将投资者由债主转换为股东）。

此时，该可转债就出现了套利时机——正股股价已经连续十几个交易日低于转股价的 70%，即 10.5 元 / 股，发行公司经营无异常，股市没有太大的波动。大家可以抓住时机适当买入，比如以 10 元 / 股的价格买入，坐等发行公司发出利好消息，促使股价重新回到 10.5 元 / 股，大家就能在短短十几天内实现套利。

### 3. 强制赎回条款套利

假设某可转债的转股价为 15 元 / 股，其强制赎回的触发条件为"如果本公司股票在任意连续 30 个交易日中至少有 20 个交易日的收盘价不低于当期转股价格的 130%，本公司有权按照债券面值的 103%，赎回全部或部分未转股的可转债"，那么，当正股股价即将触发该条件时，发行公司为了避免强制赎回的发生，可能会采取种种措施提振股价。

此时，该可转债就出现了套利时机——正股股价已经连续十几个交易日高于转股价的 130%，即 19.5 元 / 股，股市没有太大的波动，公司也没有出现经营异常和黑天鹅事件，突然股市波动使其正股股价跌到 17 元 / 股。大家可以抓住时机适当买入，比如以 17 元 / 股的价格买入，坐等发行公司连续发出利好消息，促使股价重新回到 19.5 元 / 股，刺激投资者将手中的债券转换为公司正股，同时成功触发强制赎回条件，在此期间大家就能轻松实现套利。

最后要补充一条：正股套利不是没有风险，必须注意几点：一是市场没有太大的波动；二是发行公司经营无异常；三是个别发行公司利用规则"要赖"（下一节将详细讲解发行公司利用规则破坏触发条件）。在进行正股套利前一定要对这些因素进行分析，否则就会存在亏损的风险。

## 4.14　必须注意可转债的风险

可转债虽然是低风险投资，但不是没有风险，特别是在发行公司与投资者之间博弈时，风险随即出现。原因很简单：发行公司想要最大限度地降低融资成本，甚至无成本融资，而投资者想要套利赚钱，两者之间自然会出现"各种伎俩"。当然，也有投资者自己给自己造成的风险。

**1. 自身风险**（追涨杀跌）

可转债的合同条款就像一个保护罩一样全方位地保护投资者：归还本金、支付利息，价值回售保护、向下修正转股价乃至公司发债资格审查，甚至有证监会等部门在法律层面上的强制保护，投资者只需要坐等收益即可，但在实际操作中还是容易出现追涨杀跌的情况，自己给自己造成风险，甚至出现亏损。

其中，最为典型的追涨杀跌有两种情况：一是不在面值附近买入，而是期望以更低的价格买入，买入后一旦出现更低的价格又急不可耐地割肉卖出，完全忘记了可转债有 100% 的保底条款保护；二是一旦可转债价格一路上涨，比如 120 元、130 元、140 元、150 元、160 元，一些投资者会一窝蜂地买入，生怕高山上的风景被自己错过，完全忘记了可转债的基本常识——高于 130 元的可转债基本没有了 100% 的保底条款保护。

## 2. 规则风险

多次强调可转债是发行公司的融资手段，其本质是借条，但发行公司不怎么"情愿"还，因此，千方百计地让债主转变为股东，甚至利用规则。

其中，最有名的是 2008 年 7 月某钢可转债已经触发下调转股价条件和回售条件，但该发行公司玩了一把好手段。该发行公司先启动回售，随后宣布完成回售，接着正式将下调转股价议案提交给股东大会批准。由于当年的回售价格是 100.8 元，基本上可以让投资者不亏损或少亏损。一旦转股价下调成功，可转债价格随即会迎来上涨，投资者还有可能获利。但现实却是残酷的——议案在 2008 年 8 月 17 日被高票否决（同意的占 1.20%，反对的占 98.52%，弃权的占 0.28%），原因是：根据可转债募集说明书的规定，持有可转债的股东不能参与向下修正转股价议案的表决，大股东无权表决，大股东不参与，散户正股持有人不愿意分摊股份。

该发行公司既不违约也不违法，合理、合法地利用规则为投资者增加了风险。

## 3. 专家风险

网上有很多所谓的专家，他们是靠"嘴巴"赚钱的，很多预测也是凭运气的（说多了总有几个说中的），因此，大家完全不用听他们的"神评"来干扰自己的投资逻辑。

# 第 5 章

# 低风险基金怎么买（定投）

市场中为什么会有那么多的散户亏钱，原因之一是管不住自己的手，频繁低买高卖：在市场涨的时候，欲火焚心，忍不住追高；在市场跌的时候，恐惧充斥大脑，割肉在底部。因此，大家通过定投可以让自己在操作中减少情绪的影响，同时还会降低买入持有的成本。

另外，定投的收益相对于那些抄底摸顶的收益还会高一些，即使真正地抄到底部（实际上是很难的）。比如消费 ETF（159928.SZ），从 2016 年 2 月到 2020 年年底，定投的年化收益率是 38.86%，一次性买入持有的年化收益率是 35.92%，定投比抄底多赚了 2.94%。

当然，定投不是没有风险，而是通过成本均摊和减少情绪影响，从而降低风险，追踪指数变化，以获取贝塔收益或超额收益。下面将详细讲解定投的具体操作。

## 5.1  定投是跟随市场，而不是打败市场

在我的观念里，投资理财应该是一种生活方式，会伴随一辈子。因为有十几年的投资理财经验，从一开始的打败市场转变为跟随市场，不是被岁月磨平了棱角，也不是没有那种"我命由我不由天"的热血，而是越来越认识到投资理财特别是定投确实能够享受到社会发展进步的红利，只要我们的社会在向前发展，国民的生活水平在不断提升，企业需要提供的产品和服务就会更多、更好，国家经济的基本面就会越来越好，指数基金就会长期上涨，基金、股票就会不断地以螺旋的方式上升。为什么是螺旋式的? 很简单，受到市场情绪的干扰，导致交易的波动，也符合矛盾关系的辩证法，正是因为矛盾的出现才会促进事物的向前发展。

这几年加入定投的人越来越多，不仅仅是因为证券公司的宣传，还有很多投资者意识到定投更符合我们"养金鸡"的初衷。同时，定投有一个较为明显的好处，就是能够获得市场平均成本，比如定投一周就能获得最近一周的市场平均成本、定投一个月就能获得最近一个月的市场平均成本、定投一年就能获得最近一年的市场平均成本等。

定投跟随市场的顺势而为，让投资者感受不到来自市场先生的情绪波动，不会一会儿是打了鸡血，一会儿是冻茄子，可以始终保持理性。如果市场上涨投资者会高兴，因为自己的钱开始赚钱；如果市场下跌投资者也不会不高兴，因为恰好这时又快到投入的时间点，可以降低买入成本，做到低位加码、高位减仓。不信的话我给大家算一下账：

假设你每个月拿 30 000 元做定投，当时基金净值是 1.5 元，那么第一次入场，你买到了 20 000 的份额。可惜你运气不佳，买了就跌，第二次扣款时，基金净值跌到了 1 元，于是这次你买到了 30 000 的份额。第三次扣款时，基金净值跌到了 0.5 元，这次 30 000 元买到了 60 000 的份额。三次定投下来，你的基金成

本是多少呢？可能有朋友会说第一次入场是 1.5 元一次，第二次入场是 1 元一次，第三次入场是 0.5 元一次，三次平均就是 1 元。其实不是，应该是 90 000÷(20 000+30 000+60 000)=0.818 18（元）。当基金净值涨到三次入场均价 1 元时，相当于我们已经赚到了 22%。

是不是所有类型的基金都适合定投？答案是否定的。货币型基金一次性投入的收益高于定投的收益（在极端情况下基金定投可以很好地对抗风险），债券型基金一次性投入的收益与定投的收益差不多，他俩压根儿就用不上定投，只有波动大的股票型基金具备很强的定投优势，可以有效地拉低持仓成本。

总结一下，定投更适合波动幅度稍大的基金。因为只有出现波动，定投模式特有的低位加码、高位减仓的功能才能最大限度地体现出来。货币型基金和债券型基金的波动都相对较小，而波动性较大的混合型基金和股票型基金是定投的首选。另外，定投更多的是跟随市场，而不是打败市场，"7 亏 2 平 1 赚"就能说明绝大多数投资者连几千名职业基金经理都打不赢，更何况再加上几千万的散户、游资和机构等。

## 5.2 优先考虑优秀的主动型基金

定投既可以选择主动型基金，也可以选择指数基金。如果要从成本和风险上衡量，那么大家可以优先考虑指数基金，毕竟指数基金的持有时间越长，交易成本越低，而且整体收益趋势是波动向上的。如果要从业绩收益上衡量，那么大家可以优先考虑主动型基金。原因很简单：在市场上涨时，优秀的主动型基金相比于指数基金的收益更高，甚至会有超额收益，比如，根据 Wind 统计，2019 年股票型基金的平均收益率为 39.61%，高于沪深 300 的平均收益率 36.07%，个别基金超盈指数的表现更多；反之，在市场下跌时，指数基金的跌幅也会和标的指数的市场跌幅一致，而主动型基金通过降低仓位及调整投资组合，其下跌幅度可能会低于指数基金的下跌幅度，甚至还能有盈利的表现。

　　为什么会出现这种情况? 原因有两个: 一是主要宽基指数由于市值加权和行业过于分散, 加之历史原因, 导致成分股中有一些行业前景欠佳或成长性不足, 优秀的主动型基金则可以通过精选个股及消费、医药、科技等行业来超越指数; 二是 A 股中 20% 左右的散户以持股市值占比创造了 80% 左右的交易量, 妥妥的"二八定律", 但仍然没有改变 A 股被散户主导的现状, 而基金管理机构在资金、人才、信息方面有着相比于散户的天然优势。从下图中可以看出, 自 2012 年 1 月 1 日起每月定投 1 000 元于富国天惠和兴全趋势, 它们完胜沪深 300 和创业板的收益。

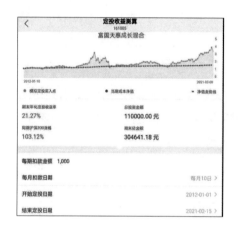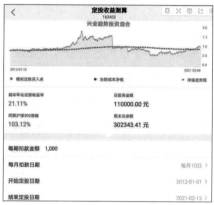

　　具体如何挑选优秀的主动型基金, 下面进行概括性的讲解。

　　第 1 步: 利用基金网站上的筛选工具, 筛选出自己中意的基金, 然后保留那些基金规模在 5 亿~500 亿元的基金。

　　第 2 步: 与同类基金的平均业绩进行比较, 比较的时间可以选择 3 个月、6 个月、1 年、2 年、3 年或 5 年, 保留那些业绩在平均业绩水平之上的基金。

　　第 3 步: 筛选出历年收益成绩和波动率稳定的基金, 因为它们既能跑赢市场, 又能在大盘下挫时比大盘更抗跌。

　　第 4 步: 筛选出管理基金期限长以及在任职期间收益成绩好的基金经理, 因为他们的能力和风格直接决定了主动型基金的收益(通过第三方平台多次查询，如果大多数平台都判定该基金经理的能力不错，那也许是真的不错）。

第 5 步：查看基金的投资是否分散，持仓禁止重复（如果我们还有其他基金，那么当前基金的持仓结构不能与自己已有基金的持仓结构重复，因为这样会让自己的风险系数加大）。

第 6 步：时不时地检查基金的业绩变化、基金经理是否变动和风险情况，一旦有变化，及时做出调整。

## 5.3　以股债配置的方式进行

当市场行情处于震荡时，很多偏股型的高风险投资者辗转难眠，原因很简单：风险超过了自身最大的承受能力。因此，我提倡以股债配置的方式进行定投，让其波动更加平滑或不那么大，在市场回调阶段，它的回撤幅度也更加小一些，抗跌性提高一些。比如，在 2019 年 4 月 20 日至 6 月 6 日的调整行情中、在 2020 年 1 月 21 日至 2 月 3 日的特殊因素冲击下、在 2021 年 2 月 17 日至 3 月 9 日的调整行情中，股债平衡基金的平均收益率分别为 −6.75%、−6.42% 和 −10.80%，均好于偏股混合型基金和灵活配置型基金，如下图所示。

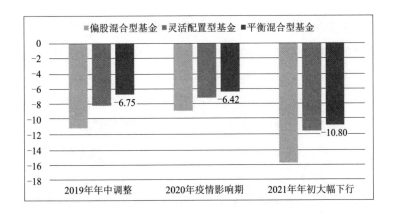

同时，从长期业绩来看，股债配置的表现非常不错。根据 Wind 统计，

自 2016 年 3 月 11 日至 2021 年 3 月 10 日，股债平衡配置的定投平均收益率达到 93.9%，高于同期沪深 300 指数 66.06% 的涨幅，也高于灵活配置型基金 89.75% 的平均回报。

另外，股市投资胜算通常在两种极端情况下出现（抄底和摸顶）：一是绝对低估，如 2018 年年底，只买不卖，大家可以完全持有股票型基金；二是绝对高估，如 2015 年 5 月和 6 月，只卖不买，大家可以完全持有债券型基金或货币型基金。而在这两个极端的中间区域，股市的行情完全可以处于任何状态，比如上涨、震荡或下跌，以股债配置的方式进行定投，可以灵活保留一定的现金来抄底股票的类现金期权，做到进可攻、退可守。

除了常规的、稳健均衡的五五均配方案，我个人认为还可以有以下方案。

- 稳健偏积极：股 6 债 4。
- 稳健偏防守：股 4 债 6。
- 积极进攻型：股 7 债 3。

## 5.4 存量资金与增量资金的定投方法不同

假设一个人工作 10 年攒下 100 万元资产，这笔资金就是存量资金；与此同时，他每月收入 2 万元，支出 1 万元，结余的 1 万元就是增量资金。

很多人在定投时对增量资金的处理方式比较简单：每月定时投一份，不择时，不中断，没有策略，也没有想到组合。虽然我不否定大道至简的原理，不过我更愿意花一点儿心思建立一个投资组合，把风险降低。比如自己每个月工资 8 000 元，开支有 3 000 元，把剩下的 5 000 元的一半，即 2 500 元的资金用于基金定投，其中 1 000 元用于偏股类型的投资，800 元用于债券型基金，最后 700 元放在货币型基金中。之所以将剩余资金的一半用于定投，原因很简单：一是给自己留下备用金用于应急或其他开支；二是"手头有粮，心里不慌"，自己不会被短期波动或市场情绪影响心态；三是作为"后备军"，自己随时可以根据市场变化调整组合投入比例。

存量资金的定投，最简单的方法是将其分为定投金额的若干份，比如10 万元，定投金额为 1 000 元，就可以将其分为 100 份，然后按原先的定投计划定期投入，形成双份定投。

存量资金分多少份，一直是仁者见仁、智者见智的问题。有的人提倡分为 50 份，因为他们曾在 2018 年这一年出头的熊市建仓完，随后就有了收益。有的人提倡分为 150 份，因为市场可能遇到 2010—2014 年的大熊市，避免自己抄底抄到了半山腰，后期没有钱继续买入。根据我个人十几年的投资经验，我更赞同将存量资金拆分不超过 36 份，在三年内投完，这样不仅可以不拉低投资效率，还会让投资者的投资心态平衡。另外，优秀的主动型基金在第三年基本上就开始盈利了。

如果大家想在 12 个月内投完，也是可以的，只需把股债比调整一下，将债基调高 10 个百分点，比如将股 7 债 3 调整为股 6 债 4、将股债均配调整为股 4 债 6 等，用相对的保守对冲时间上的激进。

对于之前没有接触过基金的新手朋友，可以把存量资金分成 24 份来进行定投，也就是在 24 个月左右的时间里分批买入。

另外，如果增量资金的结余金额比较多，而且自己能承受短期的较大波动，那么，对于自己看好的标的，大家也可以用存量资金一次性买足仓位。如果建仓以后继续下跌，则利用增量资金进行定投。

## 5.5　定期不定额才有高回报率

定期不定额就是保持固定日期的投资，比如每周、每个月，但是每次投入的金额不固定的定投方式，如果投资金额固定就是定期定额。它的原理是基于均线定投策略和价值平衡策略，手法是上涨少投、下跌多投，提升资金的使用灵活度，帮助我们通过买入金额的设定，买到持仓成本更低的投资标的（与定期定额相比），从而提升年化收益率。不过，由于定投的资金是浮动的，所以对于增量资金，也就是对自身的现金流情况要求相对更高了。

下面为大家介绍一下这两种策略。

### 1. 均线定投策略

均线定投策略可以简单理解为在一条平均线上的波动投资策略，比如30日均线，就是计算包含当天收盘价在内的之前 30 个交易日的收盘价平均值。这样每个交易日都能得出一个点，用一条线把这些点连接就是 30 日均线，我们把当日的价格和均线进行对比就可以了。然后我们就可以依据均线来制订一个具体的计划，包括设置一个投入的金额梯度和投入比例（价格低于均线的百分之几将定投金额提高到多少，价格高于均线的百分之几将定投金额减少到多少），做到低位多投、高位少投。

### 2. 价值平衡策略

价值平衡策略起源于 1991 年出版的《价值平均策略》一书（作者为迈克尔·埃德尔森，历任美国纳斯达克的首席经济学家、哈佛商学院教授，以及摩根士丹利公司常务董事，在投资领域有着丰富的经验），要求每次定投时通过增减投资金额，使得投资后的价值线性增加。举个例子：

假设我们可以计划未来每个月基金市值增加 1 000 元（而非购买 1 000 元基金），1 月我们以 1 元净值买入了 1 000 份基金，2 月股市表现很好，我们买的基金净值变成了 1.2 元，即我们的基金市值变为 1 200 元，那么我们 3 月只需要投入 800 元买入 666.67 份基金；假设 4 月股市表现更好，基金净值快速上涨到 1.9 元，那么我们持有的 1 666.67 份基金的市值便达到 3 166.67 元，我们当月只需要 3 000 元基金市值就可以了，所以我们不但不应该继续购买基金，反而需要赎回 166.67 元的基金，即 87.72 份，此时我们还持有 1 578.95 份基金。

上面我讲到了定期不定额，不可回避地要为大家讲一讲定期定额，它是一种经典的定投模式，很多投资者或投资机构仍然在大量使用，被称为"简单式定投"，每期只需机械式地固定投入，你既不需要考虑什么时候买，也不需要考虑买多少，如果你设置了银行卡到期自动扣款，都不需要自己动手操作，资金直接进入证券公司账户。同时，它展示了一个明显的不足，就是在牛市顶峰的时候，也就是股票特别贵的时候依然无脑买入，提高了我们的买入成本，降低了我们的收益。后来大家似乎变得更加"聪明和大胆"，延伸出定期不定额的定投方式，将定投金额变得更加灵活，勇于追求高回报率。

　　以光大动态优选为例，其基金成立后打开申购赎回之日为 2009 年 11 月 30 日，以 2009 年 12 月 1 日作为首个定投日，每月 1 日进行定投扣款。定期不定额的投资条件为：上证指数，60 日均线，偏离阈值 5%。若定投前一工作日上证指数收盘低于 60 日均线 5% 则加大投资至上限 3 000 元，若高于均线 5% 则减少投资至下限 200 元，在 ±5% 之间则按正常金额 1 000 元进行投资，如下表所示。

| | 定期不定额 | 定期定额 |
| --- | --- | --- |
| 每期定投金额 | 分为 200 元、1 000 元、3 000 元三档 | 1 000 元 |
| 定投期数 | 54 | 54 |
| 总投资额 | 73 200 元 | 54 000 元 |
| 总回报额 | 89 681 元 | 64 352 元 |
| 总回报率 | 22.52% | 19.17% |

　　从上表中可以明显看出，定期不定额的总回报率 22.52% 高于定期定额的总回报率 19.17%。

　　如果非要说哪种投资回报额更多，在表面上虽然可以说定期不定额的定投回报率在大部分情况下会高于定期定额的定投回报率，但不敢确定回报额也是这样的，大家都知道回报率与回报额不是一回事儿，回报率是赚的钱与投入本金的比值，而回报额则是赚到手的钱。举个例子：

　　假设每月定期定额扣款为 10 000 元，一年后，由于在净值低时用同样 10 000 元买进了较多的单位数，在降低成本的情况下 12 个月来的投资成本已经降至 8.49 元，当净值回升至 10 元时，投资回报率是 17.79%。

　　通过"定期不定额"的投资策略，随着基金净值的变化逢低加码买进、逢高减码买进，在净值低的时候买进比定期定额投资时更多的单位数，投资成本则更进一步下降到 8.37 元，投资回报率是 19.47%。

　　假设市场上涨，未来 10 期扣款日，每次单位净值都刚好比上一期多 10 元，即在第 10 个扣款日单位净值是 200 元。

虽然定期不定额的单位成本跟回报率都比定期定额的好，不过由于投入金额是会随着净值上涨而逐渐减少的，以至于投资金额仅有定期定额的一半而使绝对回报额少了 1 124 元，虽然看起来定期不定额很有效率，但是在绝对报酬上就没有定期定额的高了。

假设市场下跌，每期净值都少 10 元，最后一期是 1 元，计算可得回报率还是定期不定额的比较好，不过亏损金额却多了 4 300 元，而且投入金额多了 5 500 元。像这种状况如果持续一到两年，不但亏钱，还要多投入很多资金。

两者哪一个回报额更多我不敢肯定，但对于投资者的资金要求肯定是不同的，定期定额更加适合上班族，将每月相对稳定的收益像储蓄一样投入。定期不定额更适合那些有大量闲散资金的投资者，从下面定期不定额的投入金额计算公式中就可以明显看出：指数 $n$ 的变化是资金增减的放大器，几乎是呈几何倍数的增减。

第一次购买的定投金额 ×( 当时的市盈率 ÷ 昨日的市盈率 )$^n$

举个例子：我们第一次买入 500 低波动指数，投入 1 000 元，当时的市盈率是 25，昨日的市盈率是 22，那么第二次定投的金额就是 $1\,000×(25÷22)^2=1\,291$（元）。

## 5.6  把握熊市下的"微笑曲线"

熊市下的微笑曲线本质上是当市场行情处于熊市时，我们是否要继续按预订计划定投的疑惑。其实这个答案很直白，就是要继续定投，无论哪种成本计算方式或投资体系，都是最好的时机窗口。不过，大家要注意几个问题：一是搞清楚什么是真正的微笑曲线，与之对应的哭泣曲线又是什么，不要上错了"车"，把自己从右侧交易变成了左侧交易；二是什么是真正的熊市，以及熊市来临的迹象有哪些，不要错把牛市当熊市、把熊市当牛市。

"微笑曲线"是指投资者在股市下跌时仍坚持基金"定投"，待股市上涨至

"止盈点"时赎回，经过开始定投→持续买入（亏损）→时间积累摊薄成本（亏损）→持续买入（亏损）→定投获利，如果将每个定投扣款日的基金净值与最后获利了结时的基金净值用曲线连接起来，就形成了一条两端朝上的弧线，弧线的形状就像人的笑脸，示意图如下图所示。

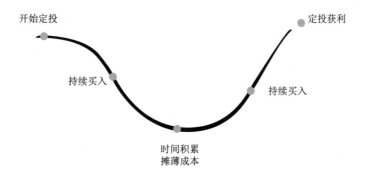

定投微笑曲线的神秘之处就在于它的"定投"二字，定投意味着分散、分摊。持续地投入，使得其在市场低迷时能以较低的成本获取筹码，在这一过程中摊薄了成本，那么当市场回升时，投资者自然将获利。比如 2009 年 8 月至 2015 年 5 月，市场从最初的 3 400 点开始震荡下跌，最惨时只有 1 900 多点，一次性投资会亏损 44%，而定投会亏损 22%，但最后多年等待终于迎来大牛市，市场在 2015 年 5 月一度冲到 5 000 点上方。期间上证综指涨幅为 33%，定投收益率为 85%。

同时，大家在市场行情下跌的过程中结合"越跌越买"的理念和自己"定期不定额"的操作技巧，会使自己的筹码越来越便宜，后期获利结果不但会优于大部分行情或指数表现，而且在通常情况下比在股市上涨时开始投资基金获得的收益还要高。

不过，微笑曲线总是假设我们买在高位，跌下去之后再涨回来，最终实现盈利。但如果我们一开始入场的时候市场行情在低位，涨上去之后再回到低位，最终肯定是亏损的，这就会出现另一种相反的曲线——哭泣曲线，示意图如下图所示。越买成本越高，单次获得的基金份额会逐渐减少，当市场行情到达最高点之后，因为成本被拉高了，只要基金开始下跌，到达盈亏点后大家就开始亏损，随后基金不停地下跌，大家就不停地亏损。

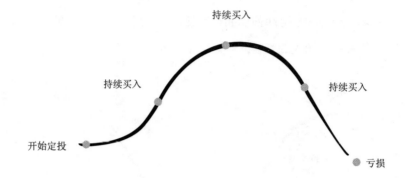

熊市的市场行情都会出现普遍下跌，而且持续下跌，此时，大家定投入场就可以明显感受到微笑曲线的魅力——成本越摊越薄，风险分散，一旦市场出现快速的上涨，获益将是丰厚的，最后及时止盈即可。此时大家能做的就是坚持投入，静待美好事情的发生。

如何识别熊市? 有如下几种现象:

- 大众情绪低落悲观，完全不看好市场，纷纷抛售股票，股价快速下跌。
- 虽有利好消息，但市场行情仍然出现雪崩态势。
- 法人机构、大户大量出货，成交量明显放大，股价没有上涨，反而下跌不止。
- 宏观经济指标呈明显下降趋势，周边市场纷纷下跌，政府对资本市场采取紧缩政策，物价上涨迅速。
- 当身边的人、电视或网络上的各路专家都在讨论基金如何赚更多的钱时，牛市即将转换为熊市，不仅是大家知晓的物极必反、月圆必亏，更多的是机构为了让散户高位接盘更快一些，他们更快卖出以实现套利。

国内大盘基本上都是牛短熊长，老基民都清楚，大盘每隔 1~2 年会进行中度回撤，每隔 3~4 年会切换到熊市。

在处于震荡的市场行情中，大家在定投中可以采取如下措施尽量避开哭泣曲线。

- 在入场前，首先分析目标行业或企业是否是夕阳产业，是否处于行业的衰退期。如果是，在没有国家政策刺激或该行业没有革命性技术刺激下，市场行情会一直下跌，在相当长的时间里看不到上涨的可能，大家一定要远离，不可逆流而上。

- 当市场迎来上涨时，及时止盈，不可贪恋，防止由微笑曲线转变为哭泣曲线。

如果觉得自己正处在哭泣曲线中，看到不断亏损的现状，心里难免会出现波动，此时大家只需做好两件事：一是再次分析自己的产品和行业，如果不是坏的产品和夕阳产业，请继续坚持；二是坚持原有的定投计划并准备好充足的资金流。

## 5.7　正确计算定投收益率

投资收益率是大家特别关心的指数，直接关系到赚钱的多少。一次性投资收益计算很简单，直接用最终得到的金额减去最初一次性投入的金额再除以最初一次性投入的金额，就能得到收益率。比如一次性用 12 000 元购买单价为 1 元的基金，后来单价涨到 2 元，最终得到的金额为 24 000 元，收益率就是 100%［(24 000−12 000)÷12 000］。

由于这种计算方式没有考虑到时间因素和投入方式（定投每隔一段时间会投入一笔本金，最后获得一个总的收益价值），因此，它不适用于定投收益率的计算。比如张三每月定投 1 000 元，到第 12 个月月末，其持仓的基金价值为 24 000 元。如果按常规思路直接计算收益率则是 100%，这明显是错误的结果，很显然这里将 12 000 元作为一次性的投入。其实，它是分 12 个月投入的，假定每次投入资金的月收益率都为 $X$，对于第一个月的投资，12 个月后获得的回报价值为 $1\,000 \times (1+X)^{2}$；对于第二个月的投资，11 个月后获得的回报价值为 $1\,000 \times (1+X)^{11}$。12 个月的定投总收益应该是：

$$1\,000 \times (1+X)^{12} + 1\,000 \times (1+X)^{11} + 1\,000 \times (1+X)^{10} + \cdots + 1\,000 \times (1+X)^{1} = 24\,000$$

它的收益率 $X$ 经计算得出是 10%。年收益率就应该是 120%(10%×12)。

虽然定投收益率的公式在财商计算中很常用，不过要手动计算还是比较麻烦的，我们可以用 Excel 来自动计算。方法如下：

在 Excel 表格中先像下图（左）那样输入定投的日期、金额和最后收益、定投收益率，然后在放置定投收益率计算结果的单元格中输入函数 IRR。

| | A | B | C |
|---|---|---|---|
| 1 | 月数 | 资金流 | |
| 2 | 1 | -1000 | |
| 3 | 2 | -1000 | |
| 4 | 3 | -1000 | |
| 5 | 4 | -1000 | |
| 6 | 5 | -1000 | |
| 7 | 6 | -1000 | |
| 8 | 7 | -1000 | |
| 9 | 8 | -1000 | |
| 10 | 9 | -1000 | |
| 11 | 10 | -1000 | |
| 12 | 11 | -1000 | |
| 13 | 12 | -1000 | |
| 14 | 最后收益 | 24000 | |
| 15 | 定投收益率（月） | | |
| 16 | | | |

B15　fx =IRR(B2:B14)

| | A | B | C |
|---|---|---|---|
| 1 | 月数 | 资金流 | |
| 2 | 1 | -1000 | |
| 3 | 2 | -1000 | |
| 4 | 3 | -1000 | |
| 5 | 4 | -1000 | |
| 6 | 5 | -1000 | |
| 7 | 6 | -1000 | |
| 8 | 7 | -1000 | |
| 9 | 8 | -1000 | |
| 10 | 9 | -1000 | |
| 11 | 10 | -1000 | |
| 12 | 11 | -1000 | |
| 13 | 12 | -1000 | |
| 14 | 最后收益 | 24000 | |
| 15 | 定投收益率（月） | 10% | |
| 16 | | | |

IRR 函数中的参数，也就是输入 IRR 后 Excel 会要求我们输入计算的数据，我们直接在表格中选择投入的现金流单元格区域和最后收益的单元格，比如上图中 B2:B13 单元格区域为定投的现金流，B14 单元格为最后收益（持有价值）。IRR 函数的完整写法就是：IRR(B2:B14)。

另外，作为补充，大家在计算一般投资收益率时，如果考虑时间周期，那么它的计算公式是：

$$(1+ 年化收益率)^n = 最终金额 \div 投入本金$$

其中，假设每年的投资收益率为同一个年化收益率 $n$，然后根据年化收益率和总盈利之间的关系求出年化收益率。

## 5.8　基于估值类的智慧定投不"智慧"

所谓估值类的定投，其本质是根据估值指标来决定每期定投金额的定投策略，其核心策略是当资产被低估时多投入，当资产被高估时少投入、不投入甚至卖出。其有效的前提是低估值的指数会通过股价上涨来回归到中性估值，而高估值的指数会通过股价下跌来回归到中性估值。

通常在对资产进行估值时，都会用到市盈率（PE）和市净率（PB）两个重要指标。而主动基金又很难通过这两个指标进行估值，因此，对主动型基金的估值很难实现或及时、准确，从而让主动型基金定投不"智慧"，会出现乱投的现象，从而导致投资损失。

不过大家可以采用如下几种智慧定投方法 / 策略。

### 1. 均线偏离法

均线偏离法是以指数价格偏离其均线的幅度大小来决定每期定投的金额的。当指数价格在均线下方时多投一点，并且价格低于均线的幅度越大，定投的金额越多；反之，当指数价格在均线上方时少投一点，并且价格高于均线的幅度越大，定投的金额越少。示意图如下图所示。

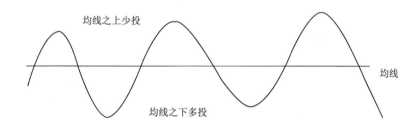

这里的均线指的是 250 日均线（年线），也就是将 250 个交易日收盘价的加权平均值当作一个点，将这些点连接起来就构成了线。

### 2. 目标智能定投

目标智能定投也叫目标止盈震荡定投，即预先设置一个目标，一旦实现立马卖出获利离场。比如，张三 2022 年度的定投目标是获利 10 000 元或收益率为 4%，一旦实现马上卖出套现离场（止盈）。

在投资实操中，目标智能定投会遇到一个现实问题: 每期资金的分配——是小额多分还是大额少分。如果是小额多分，那么遇到行情上涨会出现踏空的现象；如果是大额少分，那会遇到行情下跌又会出现资金份额不足以应对长期定投的现象。因此，采用该定投策略需要对未来行情进行预估，以确保未来资金的分配方式。

当然，我个人建议在指数行情持续下跌或估值持续下拉时采用大额少分的分配方式，因为未来下跌空间不大；反之，在指数估值高位时采用小额多分的分配方式，因为未来上涨空间不大，下跌空间可能开启。

### 3. 趋势定投法

大家选两只基金，比如一只股基、一只债基，选取一个指数作为参照指数，再设定三条基准均线，如30日均线、90日均线、180日均线等。

通过三条均线的比较来判断市场强弱。如果判断市场走强，则买入高风险基金（股基）；如果判断市场走弱，则买入低风险基金（债基），同时将该笔趋势定投计划里已经购买的高风险基金份额全部转入低风险基金以规避风险，直到下次判断市场走强后，再买入高风险基金。

## 5.9 定投该如何止盈

除了让基金经理帮我们理财不需要我们做止盈动作，其他类型基金（包含行业主题主动基金，尤其是细分行业主动基金）都需要止盈，比如锂电池行业主题基金、股票型主动基金和大部分偏股混合型主动基金。

止盈的情况可以有很多种，但都有一个明确的指标：实现了预期。要么是增长幅度或增长速度达到了预期，要么是实现了自己投资目标的预期，要么是达到了自己承受的预期等。

虽然止盈的触发条件基本一样，但是止盈的操作方式会有一定的差别，包括一次性止盈、分批止盈、回撤止盈。

### 1. 一次性止盈

一次性止盈是指在实现预期后一次性赎回，然后开启一轮新的基金定投。

### 2. 分批止盈

分批止盈适合上行行情中的定投止盈，即当到达止盈线后先止盈一部分，比如1/2或者1/3，然后在市场上行中分批逐步止盈完毕。这种方法能够充分享受市场上行所带来的更多收益，但前提是要大致把握好市场，操作不当也可能会减少收益。

### 3. 回撤止盈

当我们的基金定投到达止盈线后，我们不做任何操作，既不止盈也不再进行定投，只需设置一个回撤幅度，比如 5%，然后就是持有等待，如果行情一直上升就一直持有等待，如果回撤达到 5% 就止盈。这是一种提高收益的好策略，结合分批止盈效果更好。大家需要结合实际设定具体的目标点位，运用得当的话获利是非常丰厚的。

## 5.10　普通定投策略与长期持有策略的比较

有些朋友会问：普通定投策略相对于长期持有策略哪种更好？其实这两种策略没有绝对的好坏，在不同类型的行情走势下各有长短。下面我用四种情况来说明，即单边上涨行情、单边下跌行情、先涨后跌行情和先跌后涨行情。

### 1. 单边上涨行情

当遇到单边上涨行情时，普通定投和长期持有都能获得较好的收益。不过，普通定投会略逊色一点，因为在上涨过程中定投仍然会继续买入，投入成本会逐渐上升，而一次性定投长期持有的成本相对固定，且两者的回撤数据都比较接近。

### 2. 单边下跌行情

当遇到单边下跌行情时，普通定投和长期持有的收益都会是负数。此时由于普通定投的买入价格越来越低，投入成本也会随之减少，而长期持有策略的投入一开始就已确定，因此，普通定投胜于长期持有。

### 3. 先涨后跌行情

在先涨后跌的行情中，普通定投策略会在价格上涨过程中分批买入，买入成本不断被抬高；当上涨结束、开始下跌时，买入成本不断下降。在整个过程中如果上涨份额大于下跌份额，那么普通定投策略的亏损肯定会多于长期持有策略的亏损，此时长期持有略胜于普通定投。

### 4. 先跌后涨行情

在先涨后跌的行情中，普通定投策略会在价格下跌过程中分批买入，买入成本不断被摊薄；当下跌结束、上涨开始时，买入成本不断上涨。在整个过程中即使下跌份额略大于上涨份额，普通定投策略的获利也会略优于长期持有策略的获利。

# 第 6 章

# 高收益型基金买前准备

我们要获取高收益并不是不可以，谁不想吃上一口阿尔法收益的这块肉呢？虽然伴有高风险，但是我们可以通过一些精心准备来合理规避风险。什么基金的收益高呢？答案肯定是主动型基金（针对单一类型的基金而言，在这里还不涉及投资组合），让基金经理发挥他最大的能力来为我们赚钱。因此，在选择主动型基金前，必须弄清楚基金经理和基金本身的情况，也就是做好背景调查（简称"背调"），比如基金的中长期业绩怎么样、业绩是怎么实现的、这样的业绩是否能持续等。

## 6.1 了解基金经理及其背后的团队

基金经理不仅有专业的决策能力，其背后还有专业的投研团队，从长期来看，他们能战胜绝大多数的散户而赢得市场（基金赚钱，散户亏钱）。因此，我们可以将基金经理比作基金的掌舵人，他们的投资能力和投资风格直接决定了你持有基金的收益情况：是正常收益、超额收益还是负收益。

既然普通投资者的专业能力及其背后的团队都不如基金经理，又想在金融市场中有所斩获，那就雇用基金经理。但是，据不完全统计，目前的基金经理有 2 000 多人，而且他们的能力大小和管理范围各不相同，怎样才能选出适合自己的基金经理呢？我建议大家从以下几个方面入手。

### 1. 基金经理的学历、从业经历

高学历基本上是基金经理的标配，不是硕士就是博士，本科学历虽有但是较少。当然，他们也不是一毕业或进入这个行当就是基金经理的，他们绝大部分是从研究员、交易员、策略分析师、专户管理、保险公司资产负债匹配专员等"升级"而来的，在牛熊市场中反复磨炼。因此，他们擅长的领域自然就不一样，比如，有的基金经理擅长研究 TMT，有的基金经理擅长研究新能源等。那么，如何知晓基金经理的学历和从业经历？我们可以在基金网中轻松查看到。这里以天天基金网为例，进入天天基金网官方网站，单击"基金经理大全"链接，进入"基金经理大全"页面，单击想要查看的基金经理链接或在搜索框里面直接输入基金经理的姓名后按【Enter】键，如下图所示。

| 序号 | 姓名拼音 | 所属公司 | 现任基金 | 累计从业时间 | 现任基金资产总规模 | 现任基金最佳回报 |
|---|---|---|---|---|---|---|
| 1 | 安安 | 中金公司 | 共2只: 中金恒瑞债券A 中金恒瑞债券C | 119天 | 1.47亿元 | 1.28% |
| 2 | 艾定飞 | 华商基金 | 共3只: 华商电子行业量化 华商计算机行业 更多> | 3年又125天 | 8.00亿元 | 53.47% |
| 3 | 艾小军 | 国泰基金 | 共22只: 国泰黄金ETF联 国泰黄金ETF联 更多> | 8年又78天 | 723.53亿元 | 135.86% |
| 4 | 岜岜 | 人保资产 | 共2只: 人保优势产业混合 人保优势产业混合 | 3年又75天 | 0.52亿元 | 16.12% |
| 5 | 包兵华 | 鹏华基金 | 共5只: 鹏华研究驱动混合 鹏华研究智选混合 更多> | 2年又345天 | 55.16亿元 | 103.42% |
| 6 | 白冰洋 | 中银证券 | 共6只: 中银证券价值精选 中银证券健康产业 更多> | 5年又164天 | 6.32亿元 | 32.55% |
| 7 | 薄官辉 | 银华基金 | 共8只: 银华高端制造北上混 银华中国梦30股 更多> | 6年又337天 | 58.94亿元 | 103.09% |
| 8 | 边慧 | 银华基金 | 共6只: 银华信用精选一年 银华信用精选18 更多> | 1年又4天 | 124.05亿元 | 1.46% |

在打开的页面中就可以看到基金经理的详细信息，如下图所示。

基金经理████的档案　　查详细资料: 输入基金经理姓名或简拼　查询>> 返回基金经理大全

累计任职时间: 2年又345天
任职起始日期: 2019-04-20
现任基金公司: 鹏华基金管理有限公司

现任基金资产总规模　任职期间最佳基金回报
55.16亿元　　103.42%

基金经理简介: ████先生 国籍中国 管理学硕士。历任长城证券股份责任公司量化投资部研究员、第一创业证券股份有限公司衍生产品部研究员,2016年11月加盟鹏华基金管理有限公司担任研究部高级策略研究员,现任研究驱动混合基金经理。2019年04月担任鹏华研究驱动混合基金经理,2019年05月担任鹏华研究智选混合基金经理,2020年10月担任华成长智选混合基金经理,包兵华具备基金从业资格。现任鹏华股票精选混合型证券投资基金经理。

### 2. 基金经理背后的投研团队

市场如战场，单靠基金经理单打独斗，即使他的个人资质和天赋极高，大概率也不能跑赢市场。成事要靠团队，基金公司深知这一点，专门为基金经理配备了专业的投研团队作为"后勤火力"，为基金经理源源不断地输出内容和资源，协助基金经理进行决策和风控等。因此，基金经理"独享"赚钱时的夸赞或赔钱时的责骂是不公平的。

查看投研团队的方法为：在网页中搜索基金公司名称，这里以"中海基金"为例，单击"投研团队"链接就能看到该基金公司的投研团队介绍，如下图所示。

### 3. 基金经理管理基金的业绩表现

虽然业绩只能代表基金经理过去的能力，不能代表未来一定会按部就班或一成不变，但是也可以作为参考指标，毕竟历史业绩能直接体现基金经理的管理水平。怎样去查询？有如下几种途径。

- 使用券商提供的 App 或者支付宝等软件：找到要查询的基金后选择基金经理，就能查询到基金经理任职至今管理的所有产品以及全部产品的收益情况。

- 在天天基金网上查询：找到要查询的基金，选择基金经理之后，单击"阶段涨幅"或"历史净值"，就能很直观地看出基金经理在不同时期的管理水平，如下图所示。

| 阶段涨幅 | 季度涨幅 年度涨幅 | | | ⬇下载天天基金手机版，随时查看阶段涨幅 | | 截止至 2022-03-29 | | 更多> |
|---|---|---|---|---|---|---|---|---|
| | 近1周 | 近1月 | 近3月 | 近6月 | 今年来 | 近1年 | 近2年 | 近3年 |
| 阶段涨幅 | 0.07% | 0.24% | 0.98% | 2.24% | 0.94% | 7.10% | -- | -- |
| 同类平均 | -0.65% | -2.20% | -2.99% | -0.95% | -3.38% | 3.12% | 9.07% | 14.99% |
| 沪深300 | -2.85% | -9.77% | -15.34% | -14.48% | -16.32% | -18.09% | 11.43% | 6.76% |
| 同类排名 | 94 \| 914 | 10 \| 914 | 19 \| 881 | 53 \| 823 | 16 \| 881 | 110 \| 718 | -- \| 609 | -- \| 544 |
| 四分位排名 | 优秀 | 优秀 | 优秀 | 优秀 | 优秀 | 优秀 | -- | -- |

在通常情况下，将阶段涨幅和大盘进行对比，如果在某个阶段大盘整体情况糟糕，但是基金经理管理的基金依然能够盈利，则说明他的管理水平确实不错。

同一只基金自创立以来就被同一基金经理管理的可能性是有的，不过，也会出现多位基金经理接手管理的情况，这时大家可以通过对比业绩回报数据直接看出现任基金经理的管理水平。从下图中可以看出，该基金从 2020 年 6 月 3 日到 2022 年 3 月 30 日共有 4 任 7 位基金经理管理，最短管理时间为 3 天，最长管理时间为 1 年零 59 天，最高回报率为 6.10%，最低回报率为 0.06%，现任基金经理的回报率为 1.28%。

| 现任基金经理 | 基金经理变动一览 | | 更多> |
| --- | --- | --- | --- |
| 任职时间 | 基金经理 | 任职天数 | 任期回报 |
| 2021-12-01~至今 | 周宣夫 安安 臧子琪 | 119天 | 1.28% |
| 2021-08-06~2021-11-30 | 周宣夫 | 116天 | 1.38% |
| 2021-08-02~2021-08-05 | 薛一品 周宣夫 | 3天 | 0.06% |
| 2020-06-03~2021-08-01 | 薛一品 | 1年又59天 | 6.10% |

### 4. 区分基金经理的短期业绩是来自运气还是来自能力

我们在选定某位基金经理前，一定不要过度迷恋短期的业绩，一定要多看看、多找找他前几年的基金持仓情况。如果基金持仓短期过分集中于一个细分行业或主题，那么，他赌运气的成分非常高，即使曾经有辉煌的业绩，未来的收益也无法持续。相反，如果基金持仓长期集中于一个细分行业或主题，则表明该基金经理的能力圈主要在这个细分领域中，而不是全市场选股的能手。如果基金经理换仓特别频繁，那么业绩弹性越大，波动越大，风险也越高，虽然存在中、短期业绩爆发力更强的可能，但是该基金经理很明显没有被市场"教育"过，缺少老手的稳重，增加了投资者的风险。

另外，如果基金经理只能或大部分赚大盘增长的钱，也就是贝塔收益，则说明该基金经理的能力与我们自己的能力一样，此时，投资者可以自己操盘或更换一位基金经理。

### 5. 基金经理的管理能力是强还是弱

在宽指基金中，考察基金经理对基金的管理、跟踪、调仓和风险匹配的能力非常重要，也非常简单，只需看跟踪误差的大小。与同类平均相比，如果跟踪误差大则说明基金经理的综合能力弱，反之则说明基金经理的综合能力强。

那么，跟踪误差是什么呢？它是基金的收益率与标的收益率之间的偏差。比如沪深300涨5%，基金经理管理的基金只涨了3%，那么，相差的2%就是跟踪误差。如果同类基金的跟踪误差平均值为2%，跟踪误差只能达到平均水平，则说明该基金经理的管理能力相对较弱或是平庸。如下图中中证白酒指数的跟踪误差小于同类平均跟踪误差，说明该基金经理的管理能力相对较强。

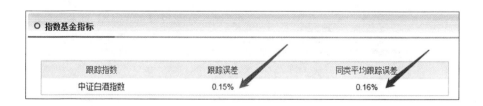

优秀的基金经理可以凭借经验与流程设计，尽量降低指数基金的跟踪误差。比如在复制误差方面，经验丰富的基金经理往往会在指数成分股调整时提前进行预判，并根据实际情况提前做好调仓准备。在管理费用影响方面，优秀的基金经理往往会通过择时交易等方式来减少偏差。

但是，无论是何等优秀的基金经理都无法将跟踪误差做到 0，毕竟它是由多方面的因素构成的，具体如下，基金经理只能凭经验和能力尽量将跟踪误差降到最低。

一是复制误差。虽然指数基金完全复制跟踪指数的成分股，但"复制"操作非常讲究。比如一只指数有 100 只成分股，其中部分成分股的流动性很差，那么，一些指数基金很可能会出现想买但买不到的情形。另外，一些指数成分股要求定期调整，但从指数公布调整明细到基金经理调整投资组合之间存在一定的时间差，导致指数基金完全复制指数增加了一定的难度，产生了误差。

二是现金拖累。通常情况下，指数基金的资金不会 100% 用来建仓，通常会在账户上保留 5% 的现金，用于应付投资者的赎回。同时，对于不断流入的小额资金不能立即建仓，因此不能立即用于组合投资，导致一定时长的滞留。

三是大额申购和赎回。大额申购对指数跟踪误差的影响主要在于稀释了指数基金第二天的涨跌幅。比如某天一只指数基金有大额申购流入，投资者当天申购的资金可以享受第二天的涨跌幅，但由于资金结算原因，这笔资金第二天尚未到账，基金经理无法及时建仓，只能和原有份额一起分享第二天的涨跌幅，从而稀释了基金的涨跌幅。

投资者赎回的份额按照当天收盘净值确认，但是对应的赎回仓位，基金经理要等到第二天才能卖出，由于卖出价与当日收盘价存在偏差，也会对次日的基金净值产生影响。同时，机构为了保护继续持有者，会将不低于 25% 的赎回费归入基金净资产，从而产生跟踪误差，主要体现在两个方面：赎回费对基金净值的影响；卖出的价格对基金净值的影响。其中，在大额赎回时，指数基金单靠留存的现金是不能应付赎回的，基金经理还需要调仓，卖出成分股。如果在指数涨幅最高时卖出，那么基金净值为正；反之，基金净值为负。

四是成本费用。指数基金不是指数，需要基金经理进行人为主动管理，必定会产生各种管理费用。同时，指数基金在各种交易中都会产生交易费。这些管理费和交易费肯定会拉低指数基金的收益率，从而产生跟踪误差。

五是分红。指数基金中的成分股会在约定的时间向股东分红，但指数不会做复权处理，直接把分红当成股价下跌，拉低指数点位，影响了收益率，产生了跟踪误差。

六是停牌和复牌。当指数中的部分成分股停牌后，指数不会对那些停牌股进行估值调整，但是，在证券市场的实际操作中，停牌的成分股需要根据指数收益法调整估值。当指数中的部分成分股复牌后，它又重新有了交易价格，这个价格与停牌时的估值存在偏差，从而导致跟踪误差的产生。

# 6.2 基金经理的投资风格

在基金投资中，根据我与多位基金经理的交流，发现他们很少会去看K线走势，也不是技术派，他们更多的是看企业或行业的未来成长价值，有极个别的基金经理会追短期热点。基金经理的投资风格大体可以分为如下三类。

一是价值成长，看重企业前景和企业估值，比较看低企业的经营波动。

二是边际价值，比较看重企业前景和企业估值，看重企业的经营波动。

三是关注热点，比较看重企业前景，低看企业估值，看重企业的经营波动。

在实际投资中，大家可以用三个指标来进行区分，分别是权重股特征、换手率和权重股的变化频率。其中，价值成长的权重股特征表现为集中度高或偏高、企业业绩稳定、估值普遍不低、阶段上偶尔会遇上热点，换手率为中低频率，权重股的变化频率较低；边际价值的权重股特征表现为相对分散、企业业绩稳定、估值低，换手率为低频率，权重股的变化频率较低；关注热点的权重股特征表现为热点产品多、行业和板块是否分散没有固定标准，换手率为高频率，权重股的变化频率较高，如下表所示。

| 类　　型 | 权重股特征 | 换 手 率 | 权重股的变化频率 |
|---|---|---|---|
| 价值成长 | 集中度高或偏高，企业业绩稳定，估值普遍不低，阶段上偶尔会遇上热点 | 中低频率 | 较低 |
| 边际价值 | 相对分散，企业业绩稳定，估值低 | 低频率 | 较低 |
| 关注热点 | 热点产品多，行业和板块是否分散没有固定标准 | 高频率 | 较高 |

基金换手率的频率多少算高、多少算低? 在通常情况下, 基金持仓换手率的中位数在 350% 左右, 将高换手率定位在 5 倍以上区间 (高频率), 将低换手率定位在 2 倍以下区间 (低频率), 将中换手率定位在 2~5 倍区间 (中频率)。

下图所示是基金换手率、权重股持仓情况, 可以看出该名基金经理的换手率为中低频率, 权重股的变化频率较低, 权重股特征表现为集中度较高、估值普遍不低, 因此, 他的投资风格为价值成长。

| 报告期 | 基金换手率 |
|---|---|
| 2021-12-31 | 246.00% |
| 2021-06-30 | 299.13% |
| 2020-12-31 | 152.99% |
| 2020-06-30 | 69.96% |
| 2019-12-31 | 114.02% |
| 2019-06-30 | 153.10% |
| 2018-12-31 | 77.94% |
| 2018-06-30 | 80.48% |

| 序号 | 股票代码 | 股票名称 | 相关资讯 | 占净值比例 |
|---|---|---|---|---|
| 1 | 600519 | 贵州茅台 | 股吧 行情 | 10.11% |
| 2 | 000858 | 五粮液 | 股吧 行情 | 9.42% |
| 3 | 00700 | 腾讯控股 | 股吧 行情 | 6.88% |
| 4 | 002415 | 海康威视 | 股吧 行情 | 6.08% |
| 5 | 000568 | 泸州老窖 | 股吧 行情 | 5.06% |
| 6 | 002007 | 华兰生物 | 股吧 行情 | 4.86% |
| 7 | 600009 | 上海机场 | 股吧 行情 | 4.46% |
| 8 | 01169 | 海尔电器 | 股吧 行情 | 4.30% |
| 9 | 00694 | 北京首都机场股份 | 股吧 行情 | 4.15% |
| 10 | 01530 | 三生制药 | 股吧 行情 | 4.07% |

| 序号 | 股票代码 | 股票名称 | 相关资讯 | 占净值比例 |
|---|---|---|---|---|
| 1 | 00700 | 腾讯控股 | 股吧 行情 | 10.05% |
| 2 | 000568 | 泸州老窖 | 股吧 行情 | 9.96% |
| 3 | 01177 | 中国生物制药 | 股吧 行情 | 9.79% |
| 4 | 000858 | 五粮液 | 股吧 行情 | 9.77% |
| 5 | 600519 | 贵州茅台 | 股吧 行情 | 9.73% |
| 6 | 00388 | 香港交易所 | 股吧 行情 | 8.47% |
| 7 | 01093 | 石药集团 | 股吧 行情 | 7.35% |
| 8 | 02269 | 药明生物 | 股吧 行情 | 7.34% |
| 9 | 002007 | 华兰生物 | 股吧 行情 | 5.63% |
| 10 | 600009 | 上海机场 | 股吧 行情 | 5.61% |

在上图中只能看出重仓股的持仓比例和换手率, 看不出基金经理的重仓股到底是亏了还是赚了, 抑或是亏了多少、赚了多少。这一点没有现成的数据, 需要大家手动计算。首先将指定时间段的公允价值差计算出来, 然后计算出期初买入与卖出的差值, 最后用公允价值差减去买入与卖出的差值。比如, 计算招商中证白酒指数证券投资基金期末与中期持仓前五的重仓股盈亏具体金额。

第 1 步: 找到基金的年度报告, 在 "报告期末指数投资按公允价值占基金资产净值比例大小排序的所有股票投资明细" 栏中找到期末的公允价值, 如下图所示, 并手动计算出总和。

| 序　号 | 股票代码 | 股票名称 | 数量（股） | 公允价值（元） | 占基金资产净值比例（%） |
|---|---|---|---|---|---|
| 1 | 000568 | 泸州老窖 | 47,268,634 | 12,000,088,113.58 | 15.46 |
| 2 | 600519 | 贵州茅台 | 5,838,354 | 11,968,625,700.00 | 15.42 |
| 3 | 600809 | 山西汾酒 | 36,074,320 | 11,391,548,769.60 | 14.68 |
| 4 | 000858 | 五粮液 | 49,123,680 | 10,937,878,588.80 | 14.09 |
| 5 | 002304 | 洋河股份 | 50,287,459 | 8,283,853,121.07 | 10.67 |
| 6 | 000799 | 酒鬼酒 | 15,731,989 | 3,343,047,662.50 | 4.31 |
| 7 | 603369 | 今世缘 | 54,061,530 | 2,940,947,232.00 | 3.79 |
| 8 | 000596 | 古井贡酒 | 11,223,521 | 2,727,386,124.00 | 3.51 |
| 9 | 600779 | 水井坊 | 18.432,532 | 2,211,719,514.68 | 2.85 |
| 10 | 603589 | 口子窖 | 29,346,452 | 2,079,783,053.24 | 2.68 |

第2步：找到基金的中期报告，在"报告期末指数投资按公允价值占基金资产净值比例大小排序的所有股票投资明细"栏中找到中期的公允价值，如下图所示，并手动计算出总和。

| 序　号 | 股票代码 | 股票名称 | 数量（股） | 公允价值（元） | 占基金资产净值比例（%） |
|---|---|---|---|---|---|
| 1 | 000858 | 五粮液 | 34,845,858 | 10,380,232,639.62 | 14.88 |
| 2 | 600519 | 贵州茅台 | 4,803,157 | 9,878,653,001.90 | 14.16 |
| 3 | 600809 | 山西汾酒 | 21,842,447 | 9,785,416,256.00 | 14.03 |
| 4 | 000568 | 泸州老窖 | 38,490,267 | 9,081,393,595.98 | 13.02 |
| 5 | 002304 | 洋河股份 | 42,825,357 | 8,873,413,970.40 | 12.72 |

第3步：计算出年度期末与中期期初的公允价值差：54 581 994 293－47 999 109 464＝6 582 884 829。

第4步：找到基金的中期报告，在"累计买入金额超出期初基金资产净值2%或前20名的股票明细"栏中找到中期的买入金额，如下图所示，并手动计算出总和。

| 序　号 | 股票代码 | 股票名称 | 本期累计买入金额 | 占期初基金资产净值比例（%） |
|---|---|---|---|---|
| 1 | 600519 | 贵州茅台 | 8,369,303,596.15 | 17.25 |
| 2 | 000858 | 五粮液 | 8,350,640,568.28 | 17.21 |
| 3 | 000568 | 泸州老窖 | 7,270,788,804.94 | 14.98 |
| 4 | 002304 | 洋河股份 | 7,008,458,993.33 | 14.44 |
| 5 | 600809 | 山西汾酒 | 6,822,455,048.94 | 14.06 |
| 6 | 000799 | 酒鬼酒 | 2,272,747,579.57 | 4.68 |
| 7 | 603369 | 今世缘 | 1,861,627,612.20 | 3.84 |
| 8 | 000860 | 顺鑫农业 | 1,666,952,753.90 | 3.44 |
| 9 | 000596 | 古井贡酒 | 1,485,643,880.61 | 3.06 |
| 10 | 603589 | 口子窖 | 1,281,014.474.43 | 2.64 |

第 5 步：找到基金的中期报告，在"累计卖出金额超出期初基金资产净值 2% 或前 20 名的股票明细"栏中找到中期的卖出金额，如下图所示，并手动计算出总和。

| 序　号 | 股票代码 | 股票名称 | 本期累计卖入金额 | 占期初基金资产净值比例（%） |
|---|---|---|---|---|
| 1 | 600809 | 山西汾酒 | 5,913,810.684.76 | 12.19 |
| 2 | 000568 | 泸州老窖 | 5,544,062,248.98 | 11.42 |
| 3 | 600519 | 贵州茅台 | 5,055,221.868.51 | 10.42 |
| 4 | 000858 | 五粮液 | 4,394,824,225.09 | 9.06 |
| 5 | 002304 | 洋河股份 | 3,954,091,374.11 | 8.15 |
| 6 | 000799 | 酒鬼酒 | 1,588,873,548.12 | 3.27 |
| 7 | 603369 | 今世缘 | 1,301,840,132.34 | 2.68 |
| 8 | 000860 | 顺鑫农业 | 1,205,928,615.32 | 2.49 |
| 9 | 000596 | 古井贡酒 | 1,012,304,831.76 | 2.09 |

第 6 步：计算中期买入与卖出的差值：37 821 647 012−24 862 010 401=12 959 636 611。

第 7 步：计算出期间的重仓股盈亏数据（公允价值差 − 买入与卖出的差值）：6 582 884 829−12 959 636 610=−6 376 751 781，重仓股中排序前五的股票亏损约 6.4 亿元。

# 6.3　业绩归因

作为普通投资者，我们在考察基金经理、基金组合或行业、个股时，要弄清楚一个问题：基金的收益是从哪里来的？虽然在基金网站或 App 中有业绩数据，但不够透彻。虽然我们可以不用非常专业的模型来验证，比如 Brinson 模型、Carhart 四因子模型及 Spearman 模型，但是我们一定要有模糊的正确方法，半专业的我们也得有自己能理解和够实用的方法，特别是在对基金经理的挑选上，要把真金白银交给可靠的人来打理。

普通投资者的业绩归因主要研究两个方面：证券选择能力和资产配置能力（择时）。而证券选择又分为行业选择和个股选择。关键参数包括投资对象、权重、收益率、同类风格基金组合的配置中位数（权重）、基准利率、行业贡献率，示例如下表所示。

| | 权　　重 | 收益率 | 实际收益率 | 行业贡献率 | 同类风格基金组合的配置中位数 | 基准利率 |
|---|---|---|---|---|---|---|
| 证券 | 70% | 7.28% | 5.10% | 1.3% | 60% | 5.81% |
| 债券 | 7% | 1.89% | 0.13% | | 30% | 1.45% |
| 货币市场 | 23% | 0.48% | 0.11% | | 10% | 0.48% |
| 当月实际收益率 | 5.34% | | | | 3.97% | |

大家需要注意，在业绩归因中，由于我们做任何比较或分析都需要一个基准，所以才会需要行业贡献率、同类风格基金组合的配置中位数和基准利率，也就意味着普通投资者的业绩归因参数主要有两组：证券选择能力和配置权重（用上表中的数据）。

### 1.证券选择能力

股票收益等于基金经理的收益率（7.28%）−基准利率（5.81%），再乘以股票在组合中的权重（70%），即1.03%，表明基金经理选择了较好的绩优股。

债券收益等于基金经理的收益率（1.89%）−基准利率（1.45%），再乘以债券在组合中的权重（7%），即0.03%，表明基金经理选择了较好的债券。

个股选择贡献等于股票证券的收益率（7.28%）−基准利率（5.81%）−行业贡献率（1.3%），即0.17%，表明基金经理的宏观分析能力和行业把握能力都比较强，而个股选择能力一般。

### 2.资产配置能力

基金组合的配置分别为股票、债券、货币市场工具，权重分别为70%、7%、23%，而基准组合中的资产权重分别是60%、30%、10%。通过对比我们可以发现，基金经理看重资产的流动性，偏好股票配置，对债券冷淡。当月实际收益率（5.34%）与同类风格基金组合的配置中位数（3.97%）相比有1.37%的超额收益，说明基金经理配置的基金组合高于中位水平，而且注重资金流动性，有较好的资产配置能力，即基金经理拥有不错的择时能力。另外，由于投资组合处于正收益，说明基金超配股票、冷淡债券的决策是正确的。

# 6.4　相对、绝对和风险调整后的收益率

基金收益率是指基金证券投资实际收益与投资成本的比率。投资收益率的值越高，则基金证券的收益能力越强。由于收益率对比的标准不一样，又演化为三种收益率：相对收益率、绝对收益率和风险调整后的收益率。

### 1. 相对收益率

最基本的方式就是与业绩基准相比较跑赢了多少，主动管理型基金的业绩基准一般都被设置得很保守；之后就是与市场比，比如与沪深 300 比，是赢了还是输了。比如大盘或沪深 300 这些参照物涨了 12%，基金涨幅跑赢了 3%，则相对收益率是 3%。沪深 300 涨了 20%，基金涨了 30%，那么这只基金的相对收益率就是 10%。主动型基金的收益率大多是相对收益率。从下图中可以算出"今年来"的相对收益率是 21.50%-(-13.89%)=35.39%，累计收益率走势基本上都能超越沪深 300，同时，"5 年"累计收益率超过了同类平均。

| ○ 阶段涨幅明细 | | | | | | | | | | |
|---|---|---|---|---|---|---|---|---|---|---|
| | 今年来 | 近1周 | 近1月 | 近3月 | 近6月 | 近1年 | 近2年 | 近3年 | 近5年 | 成立来 |
| 涨幅 | 21.50% | 3.71% | 10.46% | 20.34% | 8.49% | 74.55% | 143.97% | 92.57% | 63.48% | 33.40% |
| 同类平均 | -15.01% | -2.41% | -8.59% | -13.84% | -12.24% | -6.82% | 25.77% | 26.45% | 29.63% | --- |
| 沪深300 | -13.89% | -0.52% | -7.15% | -13.56% | -12.58% | -16.50% | 15.79% | 9.86% | 23.78% | --- |
| 同类排名 | 6\|1817 | 16\|1921 | 6\|1898 | 6\|1810 | 9\|1636 | 2\|1276 | 8\|1009 | 16\|719 | 49\|453 | |
| 排名变动 | --- | 6↑ | 2↑ | --- | 19↑ | --- | --- | 2↑ | 2↑ | |
| 四分位排名 | 优秀 | 优秀 | 优秀 | 优秀 | 优秀 | 优秀 | 优秀 | 优秀 | 优秀 | |

累计收益率走势

选择时间：1个月　3个月　6个月　1年　3年　5年　今年来　最大

■ 累计收益率　■ 沪深300　■ 上证指数

超越沪深 300，超过了同类平均

超过业绩比较基准方为及格；超过沪深300，意味着跑赢市场；与同类基金平均水平相比较，可以看出标的基金在同类基金中处于什么水平。当然，一定要与同类基金相比较才有意义，否则就是鸡同鸭讲。

### 2. 绝对收益率

绝对收益可简单理解为真金白银赚了多少，比如今年赚了15%，这就是绝对收益。它可以分为短期和中长期。其中，短期收益率是指每天、1周、1个月、3个月、6个月、1年的基金净值涨幅，在蛋卷、天天基金等平台上都能直接查询到。

中长期收益率是指3年、5年或自基金成立以来的收益率，能从整体上看出基金的中长期收益情况，因此参考价值更高。从下图中可以分别看到当前基金的各个年度收益率和几年累计收益率，同时，该基金自成立以来的累计涨幅为524.34%。

| 阶段涨幅　季度涨幅　**年度涨幅** | 2021年度 | 2020年度 | 2019年度 | 2018年度 | 2017年度 | 2016年度 | 2015年度 | 2014年度 |
|---|---|---|---|---|---|---|---|---|
| 阶段涨幅 | 6.32% | 75.16% | 62.87% | -25.54% | 27.74% | -7.50% | 87.34% | 38.33% |
| 同类平均 | 8.18% | 41.00% | 33.57% | -13.93% | 10.54% | -7.23% | 46.34% | 22.46% |
| 沪深300 | -5.20% | 27.21% | 36.07% | -25.31% | 21.78% | -11.28% | 5.58% | 51.66% |
| 同类排名 | 786｜2895 | 225｜1690 | 97｜1014 | 399｜794 | 99｜874 | 176｜546 | 22｜459 | 70｜432 |
| 四分位排名 | 良好 | 优秀 | 优秀 | 一般 | 优秀 | 良好 | 优秀 | 优秀 |

**○ 阶段涨幅明细**

| | 今年来 | 近1周 | 近1月 | 近3月 | 近6月 | 近1年 | 近2年 | 近3年 | 近5年 | 成立来 |
|---|---|---|---|---|---|---|---|---|---|---|
| 涨幅 | -22.68% | -4.26% | -12.03% | -21.20% | -14.53% | -20.17% | 43.09% | 72.73% | 122.88% | 524.34% |
| 同类平均 | -17.21% | -2.74% | -9.09% | -16.03% | -13.96% | -7.80% | 38.92% | 59.30% | 72.42% | --- |
| 沪深300 | -13.89% | -0.52% | -7.15% | -13.56% | -12.58% | -16.50% | 15.79% | 9.86% | 23.78% | --- |
| 同类排名 | 2374｜2712 | 2227｜2816 | 2231｜2825 | 2307｜2709 | 1112｜2416 | 1452｜1880 | 438｜1041 | 294｜749 | 101｜519 | --- |
| 排名变动 | 134↓ | 348↓ | 270↓ | 145↓ | 229↓ | 64↓ | 25↓ | 14↓ | 6↓ | --- |
| 四分位排名 | 不佳 | 不佳 | 不佳 | 不佳 | 良好 | 不佳 | 良好 | 良好 | 优秀 | |

### 3. 风险调整后的收益率

风险与收益并存，就像硬币的两面，高收益肯定对应高风险。我们选择主动型基金一定是冲着它高于指数的超额收益，自然需要承担主动管理的高风险，因此，风险调整后的收益率对于投资者选择基金而言具有非常重要的参考价值。

有的朋友会用年化收益率与平均年度最大回撤的比值计算得出风险调整后的收益率。这种方法是可行的，但是手工计算的工作量是很大的，因为大部分基金公司官方网站和基金销售平台都不提供现成的年度最大回撤数据，天天基金也只提供最近 1 年的最大回撤数据，需要我们手动对每只基金自成立以来的每日净值数据进行计算。因此，我建议大家直接看夏普比率，它是基金承担每一单位风险（包括系统风险和主动管理风险）所获得的收益情况。夏普比率越大，基金的历史阶段绩效表现越佳。

以在天天基金网上查看某只基金近 1 年、近 2 年、近 3 年的夏普比率为例，依次单击"基本档案"→"基本资料"→"特色数据"菜单，可以查看到近 1 年、近 2 年、近 3 年的夏普比率，如下图所示。

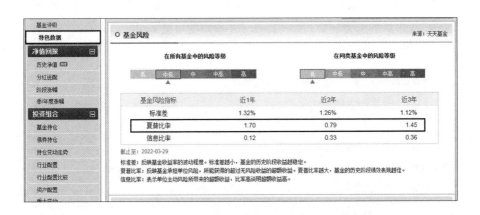

另外，我们也可以从上图中看到基金的信息比率，它表示单位主动风险所带来的超额收益，比率高说明超额收益高。

## 6.5 查阅季报和年报

按规定投资人与基金管理方签订基金合同生效超过两个月（合同生效没超过两个月，基金管理人可以不编制），就必须按照规定或约定时间公布基金季度报告、半年度报告和年度报告。基金季度报告在每个季度结束之日起15个工作日内编制完成并刊登在报刊和网站上。基金半年度报告在上半年结束之日起60日内编制完成并刊登在报刊和网站上。基金年度报告在每年结束之日起90日内编制完成并刊登在报刊和网站上。大家可以直接在各大基金公司官方网站和基金销售平台上查阅。

年报和季度报的内容很多，洋洋洒洒几万字，六七十页的篇幅就像一本薄书，而且有些太专业的套话、术语，普通投资者也不一定能看懂。我建议大家不用看全部，重点看三个点：基金经理怎么说、基金经理怎么做和基金持有人结构，以此来了解基金经理的看法、做法、风格和信心。

### 1. 基金经理怎么说

要"听到"基金经理怎么说，可以在报告中看两个小节的内容：管理人对报告期内基金的投资策略和业绩表现的说明，管理人对宏观经济、证券市场及行业走势的简要展望，如下图所示（报告的目录索引）。

基金经理会对期内管理基金的得失、涨跌做出总结说明，对未来做出预期，对货币和信用等宏观政策等进行走向判定，也会分析一些他感兴趣的行业和主题，并提出对应的投资思路和策略，如下图所示（部分）。

---

**4.4 管理人对报告期内基金的投资策略和业绩表现的说明**

**4.4.1 报告期内基金投资策略和运作分析**

报告 2020 年整体受到疫情影响，属于非典型经济阶段，整体股票和债券都具有较好的投资机会。本基金在年初拉长久期，在 4-5 月份缩短久期至 1-1.5Y，之后保持不变，整体较好的把握了债券市场的机会。在权益方面，基金通过可转债较好的享受到了权益市场波动后较为可观的回报。基金为了给投资者提供更为稳健的净值曲线的确在一定时间窗口进行了止损和止盈，这部分损失了一定收益，但是这是公平的。本基金的宗旨是希望提供稳健的回报。

**4.4.2 期内基金的业绩表现**

截至 2020 年 12 月 31 日，本基金 A 类基金份额净值为 1.0412 元，份额累计净值为 1.6419 元，本基金 C 类基金份额净值为 1.0413 元，份额累计净值为 1.0713 元。报告期内，本基金 A 类基金份额净值增长率为 1.25%，同期业绩基准增长率-1.44%，本基金 C 类基金份额净值增长率为 2.01%，同期业绩基准增长率-0.95%。

**4.5 管理人对宏观经济、证券市场及行业走势的简要展望**

今年整个金融市场的走势明显较 2020 年复杂。由于我国已经提前于美联储收回宽松的货币政策，获取了主动权，但在本轮信贷和货币从宽松转向紧张的过程中，并不存在前几轮周期中的政策去杠杆等目标，所以政策将相对缓和，没有实体和部门会主动变化，除非美联储有明显的加息回收流动性的决定，这张明牌已经被较大程度被市场定价。短期关键看 4 月份重要会议给的指引，如果能延续去年底稳和不急转弯的中心的话，Q2 和 Q3 政策金融市场整体震荡，局部有结构性机会，如果会议决定加快收紧，那么 Q2 和 Q3 可以休息半年，等待 Q4 经济如果出现已经增长压力的……

---

也就是买了什么？为什么买？哪些赚了？哪些亏了？然后是展望未来，阐述计划——投资思路是什么？要买什么？我们作为投资人就能了解基金经理对过去一年基金表现的归因、投资策略和运作方式、投资框架，并从字里行间感受到基金经理的态度，比如有些基金经理心态谦逊，勇于承认自己的失误则较为可靠，毕竟资本市场风云变幻，没有常胜将军；反之，业绩好就是个人功劳、业绩差就怪市场，则需要警惕。同时，我们要根据这些信息做出相应的反应或采取相应的措施，以及建立相应的专业操作基准，比如基金经理想要重仓某个行业，而你是否看好等。

### 2. 基金经理怎么做

"看"基金经理怎么做，直接看报告中的"投资组合报告"内容，如下图所示（报告的目录索引），研究基金持仓明细及变动情况，重点看股债比例有没有重大变化、前十大重仓股占净值比有多大、十大重仓股行业分布、近期热点行业、主题股票占比多少，以及从持仓与上期变化分析换手情况等来判断与基金经理"说"的观点是否相符，是否做到言行一致。

简单概括为三句话：期末基金资产组合情况——股票、债券等资产的仓位是多少？期末按行业分类的股票投资组合——投资了哪些行业？期末按公允价值占基金资产净值比例大小排序的所有股票投资明细——持仓哪些股票？

### 3. 基金持有人结构

要了解基金持有人结构，直接在报告中查阅"基金份额持有人信息"内容，如下图所示（报告的目录索引），在里面会写明基金份额持有人户数、户均持有份额、机构投资者占比、个人投资者占比、基金公司的从业人员买了多少。客户数越多则越能说明基金受到大家的喜欢和追捧，相对于那些客户数在 200 户以下的基金的清盘风险更小。如果机构持有比例较大，则只能说明该基金受到专业投资者的关注，并没有降低赎回的风险，反而增加了风险，因为基金规模太不稳定了。

最后看一看基金公司和基金管理人有无持仓，如果他们持有的份额较多，则证明他们对这只基金有信心，毕竟基金公司的从业人员是最了解这只基金的人。

# 6.6　基金评级和评奖

了解基金就像了解网店中的商品一样，在"下单购买"前首先需要看看买家对这件商品的评价：好评怎样？差评有吗？有多少？直接目的就是初步判定该商品是否值得购买。基金评级的一个直接目的就是为大众客户提供一个投资收益的大致得分，评级越高意味着这家企业的经营状况不错，旗下的债券、股票、基金的收益率相对较高。当然，大家不用担心这个评级是王婆卖瓜，因为大型基金的评级通常会由另一家大型评级机构进行，不会出现自家的评级机构对自家的基金进行评级的情况。

目前国内市场上的主要基金评级机构有 8 家，分别是晨星、理柏、中国银河证券、中信、标准普尔、天相、穆迪、惠誉国际。中国证券投资基金业协会官方认证的基金评级机构有 7 家，分别是晨星、上海证券、海通证券、银河证券、招商证券、天相投顾、济安金信。

由于每家评级机构的主要业务范围和标准不尽相同，所以对同一只基金的评级肯定有所差异，但是可以相互印证，评级结果也会在中国证券投资基金业协会网站上每季度定期更新。我建议大家选择三星或三星以上的基金。如果遇到没有评级的基金（通常是成立未满三年的基金），那么判断的标准就只有基金经理了。

下图所示是天天基金网上的基金评级情况。

| 代码 | 基金名称 | | | | 经理 | 公司 | | 评级 | 评级 | 评级 |
|---|---|---|---|---|---|---|---|---|---|---|
| 110018 | 易方达增强回报债 | 估算图 | 基金吧 | 档案 | 王晓晨 | 易方达 | Z家 | ★★★★★ | 暂无评级 | ★★★★★ |
| 159902 | 华夏中小企业10 | 估算图 | 基金吧 | 档案 | 徐猛 | 华夏 | Z家 | 暂无评级 | ★★★★★↑ | ★★★★★ |
| 100060 | 富国高新技术产业 | 估算图 | 基金吧 | 档案 | 李元博 | 富国 | Z家 | ★★★★★ | ★★★★★ | ★★★★★ |
| 519674 | 银河创新成长混合 | 估算图 | 基金吧 | 档案 | 郑巍山 | 银河 | Z家 | ★★★ | ★★★★★ | ★★★★★ |
| 000014 | 华夏聚利债券 | 估算图 | 基金吧 | 档案 | 何家琪 | 华夏 | Z家 | ★★★★★ | ★★★ | ★★★★★ |
| 450004 | 国富深化价值混合 | 估算图 | 基金吧 | 档案 | 刘晓 | 国海 | Z家 | ★★★★★ | ★★★↓ | ★★★★★↑ |
| 213001 | 宝盈鸿利收益灵活 | 估算图 | 基金吧 | 档案 | 佟嘉琳 | 宝盈 | Z家 | ★★★★★ | ★★★★★ | ★★★★ |
| 519126 | 浦银安盛新经济结 | 估算图 | 基金吧 | 档案 | 蒋佳良 | 浦银 | Z家 | ★★★★ | ★★★★★ | ★★★★★ |
| 000362 | 国泰聚信价值优势 | 估算图 | 基金吧 | 档案 | 程洲 | 国泰 | Z家 | ★★★★★ | ★★★★ | ★★★★★↑ |
| 519909 | 华安安顺混合 | 估算图 | 基金吧 | 档案 | 高钿群 | 华安 | Z家 | ★★★★★ | ★★★★↓ | ★★★★★ |
| 000729 | 建信中小盘先锋股 | 估算图 | 基金吧 | 档案 | 周智硕 | 建信 | Z家 | ★★★ | ★★★★★↑ | ★★★★★ |
| 000536 | 前海开源可转债 | 估算图 | 基金吧 | 档案 | 曾健飞 | 前海开源 | Z家 | ★★ | ★★★★★↑ | ★★★★★ |
| 040015 | 华安动态灵活配置 | 估算图 | 基金吧 | 档案 | 蒋璆 | 华安 | Z家 | ★★★★ | ★★★★★ | ★★★★★ |
| 000914 | 中加中债债券 | 估算图 | 基金吧 | 档案 | 闫沛贤 | 中加 | Z家 | ★★★ | ★★★★★ | ★★★★★ |
| 400030 | 东方添益债券 | 估算图 | 基金吧 | 档案 | 吴萍萍 | 东方 | Z家 | ★★★★★ | ★★★★ | ★★★★★ |
| 000603 | 易方达创新驱动灵 | 估算图 | 基金吧 | 档案 | 费健 | 易方达 | Z家 | ★★★ | ★★★★★↑ | ★★★★★↑ |
| 000689 | 前海开源新经济混 | 估算图 | 基金吧 | 档案 | 崔宸龙 | 前海开源 | Z家 | ★★★★ | ★★★★★ | ★★★★★ |
| 000739 | 平安新鑫先锋A | 估算图 | 基金吧 | 档案 | 张晓泉 | 平安 | Z家 | ★★★ | ★★★★★ | ★★★★★ |
| 519918 | 华夏兴和混合 | 估算图 | 基金吧 | 档案 | 李彦 | 华夏 | Z家 | ★★★★ | ★★★★★ | ★★★★★↑ |
| 481010 | 工银中小盘混合 | 估算图 | 基金吧 | 档案 | 黄安乐 | 工银 | Z家 | ★★★★ | ★★★★★ | ★★★★★ |

如果觉得挑选一只好基金不容易，特别费时费力，那么大家可以直接选择那些获奖的基金，比如获得中国证券报的"金牛奖"、上海证券报的"明星基金奖"、证券时报的"金基金奖"和晨星的"晨星年度基金奖"。从入围提名到最终获奖，都是优中选优的主动型基金。对普通投资者来说，那些获奖基金已经不少了，加上入围的基金，可选项已经够多了。下图所示是获得"金牛奖"的基金名单截图。

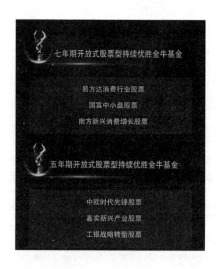

# 6.7　多用基金分析工具

在基金官方网站或支付宝上都有现成的基金分析工具，免费的工具不用就可惜了，既能帮我们在选择基金时解除疑惑，又能增加投资的可靠性，快速寻找到心仪的基金，何乐而不为？我向大家推荐以下几种基金分析工具。

### 1. 基金诊断

当大家拿不准某只基金到底怎么样时，特别是在代销人员的推荐下，我们可以在天天基金或支付宝 App 上诊断一下，用数据说话，然后决定是否购买。下图所示是天天基金 App 的诊断界面，输入基金名称或代码就能一键出结果。

如果没有下载天天基金 App，那么大家可以直接在支付宝 App 上进行诊断，方法为：打开支付宝 App，在搜索栏中输入"支小宝"，点击进入支小宝官方服务，输入"基金诊断"，点击"发送"按钮，然后在搜索栏中输入要诊断的基金名称或代码，点击"发送"按钮就可以看到诊断结果，如下图所示。

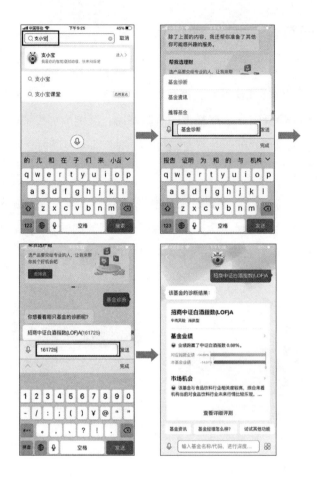

### 2. 基金比较

当大家面对多只基金不知道如何选择时，我的建议是择优。要想判断多只基金中哪一只是最优的或最适合自己的，可以利用工具进行比较。这种比较功能基本上在各大基金官方网站上都能找到，只需添加要对比的基金就可以了，如下图所示。

在上图中，我们在天天基金网上比较了两只基金，可以明显看到"估值涨幅"和"日增长率"的区别，此时大家就能确定选择哪只基金了。

### 3. 基金业绩评价

基金业绩评价分为选证能力、收益率、择时能力、稳定性、抗风险五项；基金经理评价则由经验值、收益率、择时能力、稳定性、抗风险五项组成。大家可以将它们作为分析基金业绩及基金经理的参考指标。

### 4. 基金估值

基金估值大体可以参考两种模式：一是行业主题基金可参照行业估值；二是非行业主题或者宽赛道主动基金可参照宽基指数估值。在天天基金网中也有一个自动计算功能，大家可以手动开启该功能，将计算结果作为参考。

### 5. 基金筛选

大家可以通过基金筛选功能快速筛选基金，相当于快速检索，比如基金业绩近 1 月前 10 名、规模不超过 2 亿元，如下图所示。

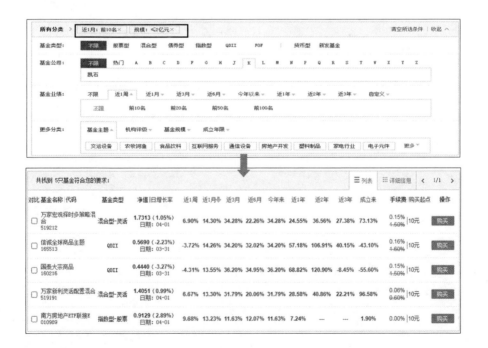

### 6.收益计算或定投计算

我们除了使用"基金比较"工具在多只基金中挑选出最适合自己或最优的标的外，如沪深300、中证500，还可以用收益计算、定投计算工具快速帮我们判断基金是否符合自己的要求。下图（左）所示是基金收益计算器，下图（右）所示是基金定投收益计算器。

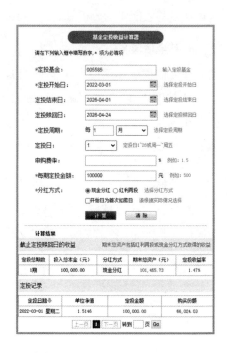

# 第 7 章

# 追求高收益该买什么基金

如果要追求高收益，那么大家该买什么基金? 主要有两类: 股票型基金和混合型基金。前者包括场外开放式组合基金、ETF、ETF联接基金、FOF 等那些听起来很"厉害"的基金。当然，高收益并不是绝对的，而是相比之下的较高收益。因此，我们不仅要掌握高收益基金的分析和买入方式，还需要在高收益基金中挑选出更高收益的标的。

## 7.1 股票型基金

下表所示是从市场上挑选的 10 只比较安全的股票型基金，包含大盘、消费、白酒、券商、医药服务、互联网等。可以看出它们的年化报酬、回报相差比较大，其中，券商的年化收益率比较低，消费类 ETF 的年化收益率在总体上都是不错的——市场总体的收益水平在 10% 左右。

| 序 号 | 代 码 | 名 称 | 近三年净值增长率（%） | 近五年净值增长率（%） | 成立以来净值增长率（%） | 年化回报（%） | 基金规模（亿元） | 投资类型 |
|---|---|---|---|---|---|---|---|---|
| 1 | 161725 | 招商中证白酒指数（LOF）A | 175.8 | 379.2 | 376.1 | 28.6 | 658 | 被动指数型基金 |
| 2 | 510050 | 华夏上证 50ETF | 39.6 | 63.5 | 412.0 | 10.3 | 544 | 被动指数型基金 |
| 3 | 510500 | 南方中证 500ETF | 48.7 | 19.3 | 118.1 | 9.6 | 391 | 被动指数型基金 |
| 4 | 510330 | 华夏沪深 300ETF | 57.6 | 69.4 | 143.3 | 10.8 | 289 | 被动指数型基金 |
| 5 | 110022 | 易方达消费行业股票 | 112.2 | 222.4 | 346.2 | 14.6 | 320 | 普通股票型基金 |
| 6 | 512880 | 国泰中证全指证券公司 ETF | 51.0 | 7.9 | 7.22 | 1.4 | 320 | 被动指数型基金 |
| 7 | 512000 | 华宝券商 ETF | 51.9 | 无 | 2.64 | 0.5 | 238 | 被动指数型基金 |
| 8 | 512010 | 易方达沪深 300 医药 ETF | 68.2 | 117.1 | 179.8 | 13.8 | 36.2 | 被动指数型基金 |
| 9 | 510180 | 华安上证 180ETF | 63.68 | 53.75 | 101.7 | 11.0 | 14.85 | 被动指数型基金 |
| 10 | 513050 | 易方达中概互联 50ETF | 3.32 | 无 | 38.04 | 7.22 | 190 | 被动指数型基金 |

股票型基金的 80% 份额要投资于股票市场，而这 80% 的限制恰好导致了它在行情不好时可能会面临比较高的风险，尤其是在熊市里，风险就更大了，而且不可以退出，大家可能面临较大的亏损，而在牛市里可能有较高的收益，且回报比较可观。

股票型基金主要分为两类：主动型基金和被动型基金。主动型基金会受到基金经理比较大的影响，前面讲解的基金知识大部分都是主动型基金，下面补充一类特殊的指数增强型基金。其又被称为被动型基金，主要用于跟踪指数，受到基金经理的影响会比较小，同时透明度非常高，因为指数里的成分股和配比是透明的。

另外，主动型基金主要靠基金经理的主动调节，以获取最大的超额收益为目的，因此，基金经理的权力相对比较大。被动型基金（指数基金）是被动跟踪的，基金经理基本上没有什么主动权，因此，指数里面的成分股成为投资对象，用于获取与指数大致相同的收益。同时，大家一定要明白，指数基金不是为了寻找超额收益，而是为了跟踪指数减少误差，复制指数的收益表现。

有人会疑惑：指数基金中的指数是什么? 指数是指股票指数，即我们把某只股票、一揽子股票和各种各样的股票用某种加权的方式得到的一个指数，用来反映股票总体市场或局部市场的价格水平和变动趋势，比如沪深300 反映大盘的价格变化趋势、中证银行和中证消费反映局部的价格变化趋势。

### 1. 为什么指数基金适合普通人投资

指数基金看起来似乎是高不可攀的样子，其实，大家在真正了解它之后就会发现，它才是适合普通人投资的对象，而且时间越久越会获取高收益或翻倍收益。原因有如下三个。

一是长期看涨。只要整体经济是向前的，指数价格基本上就会创新高，而且概率非常大。因此，如果你看好整体经济，那么你就可以相信指数的价格会上涨。

二是永不消亡。指数基金会自动进行新陈代谢，自动淘汰那些不符合标准的公司，再将符合标准的公司纳入。

三是少有踩雷。如果你购买一只股票，那么踩雷的风险肯定大大提升; 而指数是一揽子股票，是一个投资组合，里面包含多只股票，风险自然被分摊，踩雷的可能性自然下降很多。

下面以沪深 300 为例来为大家印证上面的说法。从下图中可以看出，从2005 年编制到 2022 年，沪深 300 在整体上呈现上涨状态。

下表所示是沪深 300 的盈利情况。

| | 持有 0.5 年 | 持有 1 年 | 持有 3 年 | 持有 5 年 | 持有 7 年 |
|---|---|---|---|---|---|
| 盈利概率 | 58.45% | 59.23% | 66.75% | 74.26% | 83.29% |
| 预期收益率 | 9.44% | 22.29% | 36.27% | 47.85% | 55.38% |

　　下表所示是上证 50、中证 500、创业板指数、中证消费、中国互联网 50 的盈利情况。它们都非常具有代表性，可以看出持有 0.5 年、1 年和 3 年，盈利概率为 50%~60%，尤其是持有 5 年、7 年，其盈利概率是明显上升的，甚至会超过 100%。

| 指数名称 | 持有 0.5 年 | | 持有 1 年 | | 持有 3 年 | | 持有 5 年 | | 持有 7 年 | |
|---|---|---|---|---|---|---|---|---|---|---|
| | 盈利概率 | 预期收益率 | 盈利概率 | 预期收益率 | 盈利概率 | 预期收益率 | 盈利概率 | 预期收益率 | 盈利概率 | 预期收益率 |
| 上证 50 | 57.83% | 8.46% | 58.12% | 19.97% | 65.86% | 31.23% | 73.43% | 38.59% | 79.42% | 47.09% |
| 中证 500 | 61.48% | 10.75% | 62.44% | 24.9% | 61.27% | 50.24% | 81.39% | 84.9% | 96.2% | 99.7% |
| 创业板指数 | 56.3% | 8.1% | 53% | 17.42% | 75.11% | 58.59% | 89.23% | 77.8% | 100% | 104.52% |
| 中证消费 | 65.77% | 14.25% | 70.82% | 32.62% | 85.17% | 80.56% | 95.15% | 140.46% | 95.6% | 101.2% |
| 中国互联网 50 | 67.73% | 12.02% | 71.64% | 26.01% | 99.41% | 77.32% | 100% | 169.74% | 100% | 103.6% |

　　同时，从上表中可以看出，持有 1~3 年，赚钱的概率不是很明显；基本上在持有 5 年以后，大家赚钱的概率才会比较明显；当持有 7 年以上时，赚钱的概率可以达到 70%~80%，甚至更高。这与 A 股市场上牛熊的周期比较

吻合，也更能说明指数基金长期必涨的优势。

指数基金的魅力在于，它既是指数又是基金，因此，它具备指数和基金的共有特点。一是指数基金是一揽子股票，是一个投资组合，那么，它就可以分散投资风险，避免个股踩雷。二是像基金一样投资方便，既可以买大盘的指数基金，又可以买某个行业的指数基金，充分享受整个市场或者整个行业的红利。三是它是被动性投资，只跟踪指数里面的成分股。四是它跟踪和复制指数，目的是获取平均收益，那么它的风险和收益特征会比较稳定和清晰。五是被动型指数基金的管理费率比主动型指数基金的管理费率低很多，一般是 0.5% 甚至更低，而主动型指数基金的管理费率大概是 1.5%，如果你用 100 万元本金来计算，那么一年可以省下 1 万元。

下面以易方达消费行业股票型证券投资基金和招商中证白酒指数证券投资基金（LOF）为例，对比它们的成本费用。通过下面的两张图，大家可以看出股票型基金的管理费率是 1.50%（主动型），而指数基金的管理费率是1.00%（被动型，这里是招商中证白酒指数）。

再对比场内的 ETF，从下图中可以看出它的管理费率比上面两种基金的管理费率更低，只有 0.50%。

| 基金全称 | 国泰中证军工交易型开放式指数证券投资基金 | 基金简称 | 国泰中证军工 ETF |
|---|---|---|---|
| 基金代码 | 512660（主代码） | 基金类型 | 指数型-股票 |
| 发行日期 | 2016年06月20日 | 成立日期/规模 | 2016年07月26日 / 5.891亿份 |
| 资产规模 | 118.98亿元（截止至：2021年12月31日） | 份额规模 | 81.5208亿份（截止至：2021年12月31日） |
| 基金管理人 | 国泰基金 | 基金托管人 | 建设银行 |
| 基金经理人 | 艾小军 | 成立来分红 | 每份累计 0.00元（0次） |
| 管理费率 | 0.50%（每年） | 托管费率 | 0.10%（每年） |
| 销售服务费率 | ---（每年） | 最高认购费率 | 1.00% |
| 最高申购费率 | --- | 最高赎回费率 | |
| 业绩比较基准 | 中证军工指数收益率 | 跟踪标的 | 中证军工指数 |

### 2. 指数基金分类

指数基金主要分为四类：普通开放式指数基金（场外）、ETF（交易型开放式指数基金）、ETF 联接基金（现金申购、份额赎回）和 LOF（上市型开放式指数基金）。

其中，ETF 采用像个股一样的报价形式，申赎、买卖均采用一揽子股票的方式，即买卖都需要用一揽子股票去兑换；ETF 联接基金在场外进行买卖，它是以现金申购、份额赎回的方式进行交易的；LOF 也以现金申购、份额赎回的方式进行交易，不过它在场内、场外都可以交易，没有限制。

下表所示是申购、赎回和买卖的区别。

| | 申购、赎回 | 买卖（证券、客户） |
|---|---|---|
| 交易价格 | 一日一价的净值 | 需要交易所竞价 |
| 交易对象 | 与基金管理公司发生交易 | 在投资者之间进行交易 |
| 基金份额 | 影响基金总份额 | 不影响基金总份额 |

（1）普通开放式指数基金（场外）

普通开放式指数基金只能以现金的形式在场外进行申购和赎回，不仅产品较为丰富，而且大家购买也较为方便，比如支付宝和天天基金。因为是场外交易，所以申购费率相对场内较高，在通常情况下申购费率在 0.1% 左右。但是，如果在 7 天内赎回，那么赎回费率将会提升到 1.5%，作为惩罚费率。

下图所示是博时沪深 300 指数 A 的详细信息，跟踪误差是 0.14%，申购费率为 0.15%，卖出费率分别是 1.50%、0.50%、0.25% 和 0。由此可见，场外开放式指数基金更适合我们进行定投。

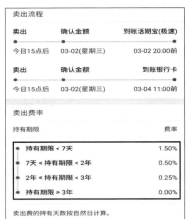

（2）ETF

ETF 是指交易型开放式指数基金，它是一种指数化的投资工具，可以很方便地跟踪指数中一揽子证券的买卖走势。从"交易"和"开放式"两个字眼上可以明显感受到它的买卖和申赎较为自由、流动性较高、总规模还不固定，其核心特点是指数基金、交易型基金和实物申赎。其优势如下：

一是它具有指数基金的一切优点，包括分散风险、便利投资、被动投资、高度透明、风险收益清晰稳定，以及管理费率比主动型费率更低。

二是它是交易型基金，可以进行自由交易，只需在证券交易所挂牌，就可以在交易时间内以自由的价格进行自由的买卖，因此，它具有高流动性。同时，它不需要缴纳印花税，买卖只需要缴纳一定的手续费就可以了，普遍在万分之二以下。

三是它在交易时间内报价比较灵活，每15秒就会公布一个基金参考净值。如果是场外交易，那么每个交易日只有一个基金净值，效率会相对比较低。

四是它是实物申赎，也就意味着ETF在申赎时，你必须用一揽子股票去换取它的一个份额，而你赎回的仍然是一揽子股票。这样一来省去了我们用现金去购买股票，减少了ETF跟踪目标指数的一个误差因子，那么，相对于场外的基金大家可以更有效地跟踪指数。同时，它也降低了基金资产在买卖过程中的交易成本损耗。

由于ETF是在场内交易的，跟踪特定的证券指数基金，因此，大家需要开通证券账户，才能对一揽子股票进行实物申赎。下图所示是华夏上证50 ETF的详细信息，它跟踪的是上证50指数，跟踪误差是0.04%，管理费率是0.50%。

（3）ETF 联接基金

由于 ETF 只能进行场内交易,但是很多时候投资者需要在场外进行交易,因此, ETF 联接基金诞生了, 大家可以将其理解为一个衍生品。它是以基金净值进行申赎的, 相对于 ETF, 管理费率会更高一点, 跟踪效率可能会更低一点。

下图所示是华夏上证 50ETF 联接 A 的详细信息, 它跟踪的是上证 50 指数, 与 ETF 跟踪的目标是同一个, 但是跟踪误差不一样, ETF 的跟踪误差是 0.04%, ETF 联接基金的追踪误差是 0.07%。同时, 它的交易费用相比于 ETF 更高, 因为场外交易是交给基金机构进行管理的, 而他们是要收费的。其买入、卖出费率与 ETF 的基本一样。

（4）LOF

LOF 是以现金申购、份额赎回的方式进行交易的( 场内、场外都可以），投资门槛非常低，最低 10 元就能参与，但是我们不知道它的具体价格是多少，而是按份额进行赎回的。T 日申购，T+2 日才能卖出，因此，其效率肯定没有 ETF 的效率高。下图所示是招商中证白酒指数（LOF）A 的详细信息，它跟踪的是中证白酒指数，跟踪误差为 0.15%（误差值越小越好）。

下表所示是 ETF、ETF 联接基金、LOF 之间的区别。

| | ETF | ETF 联接基金 | LOF |
|---|---|---|---|
| 申赎机制 | 一揽子股票 | 现金申购、份额赎回 | 现金申购、份额赎回 |
| 交易机制 | 场内交易 | 场外交易 | 场内、场外交易皆可 |
| 报价方式 | 在交易时间内，每 15 秒提供一次基金参考净值 | 每个交易日公布基金净值 | 通常一天只提供一次 |

### 3.指数基金如何分析

前面讲解了指数基金的相关知识和原理，下面我教大家怎么用指数基金投资，主要从三个方面入手：如何分析、如何找数据和投资组合。

（1）如何分析

指数基金虽然可以让我们想买哪些行业就买哪些行业，但是，当你看好某一行业后，不仅需要考虑对应的指数，还需要考虑如何规避风险、如何买长期绩优股、如何判断估值、如何找到低估值、哪些指标可以查到、哪些是长期指标等问题。

假如你看好美股，就需要研究两个主要指数：纳斯达克指数和标普500。前者综合性比较强，有 5 000 多家公司，代表指数基金是纳指 ETF。标普500 是由主要行业的 500 家代表性上市公司组成的，代表了美股 80% 以上的市值和各个产业链的龙头公司，代表指数基金是标普 500ETF，如下表所示。

| 宽基指数 | 特　　　点 | 代表指数基金 |
| --- | --- | --- |
| 纳斯达克指数 | 综合性比较强，有 5 000 多家公司 | 纳指 ETF |
| 标普 500 | 主要行业的 500 家代表性上市公司组成的，代表了美国股市 80% 以上的市值，各个产业链的龙头公司 | 标普 500ETF |

假如你看好消费，该买什么消费呢？主要分为两大类：主要消费和可选消费。主要消费是指日常刚需产品，也就是我们在日常生活中需要的产品，比如白酒、啤酒、乳制品和调味品，白酒主要是茅台和五粮液，乳制品主要是伊利、蒙牛等，调味品主要是海天酱油等，代表指数是中证消费、上证消费和中证白酒，相对应的指数基金是汇添富中证主要消费 ETF、华夏上证主要消费 ETF 和鹏华中证酒 ETF。可选消费是非日常用品和非刚需用品，它最大的特点是周期性比较强，主要取决于消费者的钱包是否是"鼓鼓的"，比如家电、汽车、旅游等，代表指数有中证可选消费指数和上证可选消费指数，相对应的指数基金有广发中证全指和可选消费 ETF。

如果你看好主要消费和可选消费，那么代表指数有消费 80、CS 消费50，相对应的指数基金是消费 50，如下表所示。

| 消费类型 | 主要产品 | 代表指数 | 代表指数基金 |
|---|---|---|---|
| 主要消费<br>（日常需要） | 白酒、啤酒、乳制品、调味品等 | 中证消费、上证消费、中证白酒 | 汇添富中证主要消费 ETF、华夏上证主要消费 ETF 和鹏华中证酒 ETF |
| 可选消费<br>（非日常） | 家电、汽车、旅游等 | 中证可选消费指数、上证可选消费指数 | 广发中证全指和可选消费 ETF |
| 主要消费和可选消费 | 以上全包含 | 消费 80、CS 消费 50 | 消费 50 |

假如你看好医药，首先要了解它有哪些指数，然后要了解它有哪些跟踪的指数基金，以及这些指数有什么特点。在下表中，大家看到第一个指数是中证医药指数，它的特点是大市值，也就是挑选大中型医药股，代表指数基金是汇添富中证医药卫生 ETF；第二个指数是医药生物指数，它的特点是优先考虑流动性，其次考虑市场因素，代表指数基金是中方医药生物指数分级；第三个指数是全指医药指数，它的特点是涵盖整个行业，我们主要挑选流动性和市值比较好的对象，代表指数基金是广发中证全指医药卫生 ETF；第四个指数是中证医药 100 指数，它最大的特点是等权重，大、中、小型医药股都有，不像中证医药指数只涵盖大、中型医药股，且市值越大权重越高，代表指数基金是天弘中证医药 100；第五个指数是沪深 300 医药，它不设置个股权重上限，市值比较高的股票权重高，代表指数基金是易方达沪深 300 医药 ETF。

| 指　　数 | 特　　点 | 代表指数基金 |
|---|---|---|
| 中证医药指数 | 涵盖大、中型医药股，始于大市值加高权重 | 汇添富中证医药卫生 ETF<br>鹏华中证医药 LOF |
| 医药生物指数 | 优先考虑流动性，其次考虑市场因素 | 中方医药生物指数分级 |
| 全指医药指数 | 同时考虑流动性和市值因素，涵盖整个行业 | 广发中证全指医药卫生 ETF<br>银华中证全指医药卫生指数增强发起式 |
| 中证医药 100 指数 | 涵盖大、中、小型医药股、等权股 | 天弘中证医药 100<br>国联安中证医药 100 |
| 沪深 300 医药 | 不设置个股权重上限，市值比较高的股票权重高 | 易方达沪深 300 医药 ETF |

假如你看好科技，主要从三个方面考虑：A 股市场内科技指数、科技互联网指数和细分行业指数。下表分别从这三个方面介绍它相对应的指数。

| 名　　称 | 指　　数 | 特　　点 | 代表指数基金 |
|---|---|---|---|
| A 股市场科技类指数 | 科技龙头指数 | 覆盖计算机、电子、医药等行业的 50 只科技龙头股 | 科技龙头 |
| | 科技 50 指数 | 从沪深两市科技相关行业中选择 50 只市值大、流动性好的公司股票 | 科技 ETF（159807，SZ） |
| 科技互联网指数 | 中国互联网 | 境外上市的代表 A 股的科技互联网龙头 | 中国互联 |
| | 中国互联网 50 | 海外交易所上市的 50 家中国互联网企业 | 中概互联 |
| 细分行业指数 | 中证全指半导体、中华半导体 CNY、CSSW 电子、CS 电子、5G 通信、中证全指通信设备、CS 计算机 | — | 芯片 ETF、5G ETF 和半导体 ETF |

其中，A 股市场内科技指数包含两类：科技龙头指数和科技 50 指数。科技龙头指数涵盖计算机、电子、医药等行业的 50 只科技龙头股，代表指数基金是科技龙头；科技 50 指数是指从沪、深两市科技相关行业中选择 50 只市值大、流动性好的公司股票，代表指数基金是科技 ETF。

科技互联网指数包含两类：中国互联网和中国互联网 50。它们的最大特点都是在境外上市。中国互联网主要挑选的是境外上市的代表 A 股的科技互联网龙头，代表指数基金是中国互联。中国互联网 50 主要挑选的是海外交易所上市的 50 家中国互联网企业，代表指数基金是中概互联。

细分行业指数主要包含半导体、芯片和 5G 等，代表指数基金有半导体 ETF、芯片 ETF 和 5GETF。

（2）如何找数据

指数数据不像上面的表格那样已经将数据收集完成，而是需要大家去查找。以前可能需要大家手动在网页中收集，现在可以借助天天基金的指数宝来快速找到。方法为：在天天基金 App 中点击"指数宝"，启动指数宝程序，点击"指数排行"，进入指数列表页面，选择需要的指数项，进入详细页面看到跟踪的基金项，接着选择自己想要的跟踪基金选项，在打开的页面中就能看到具体的数据信息，比如收益、单位净值、仓位等，如下图所示。

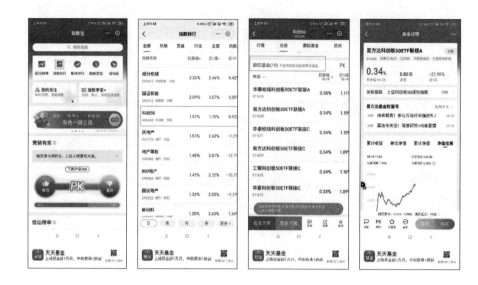

如何选择长期绩优的指数？

长期绩优的指数主要是指那些长期基本面较好的、同时回报也较高的板块。主要有三个：消费、医药和互联网，它们的历史回报率可以达到 20% 左右。选择的方法为：在指数宝的"板块排行"页面中选择即可，如下图所示。

如何选择低估值的指数？

我们常用 PE、PB 和它们相对应的分位数来判断标的指数是否是低估值的。大家都知道 PE 和 PB 分别代表市盈率和市净率，那么，什么是分位数呢？大家要知道当前的 PE 或 PB 值在历史区间所处的高低水平，即当前的 PE 或 PB 值是高还是低，则需要与历史值进行比较。比如，PE 相对应的分位数是 20%，则表示历史上只有 20% 的时间比当前 PE 值低。因此，PE 和 PB 相对应分位数值越小，指数的估值也就越低。

在指数宝中查看低估值的指数的方法为：在指数宝中点击"低估榜单"，进入"低估榜单"页面，里面就有被低估的指数选项，点击自己感兴趣的指数选项，就可以看到详细的数据信息，如下图所示。

（3）投资组合

在选择行业或板块后，大家一定要考虑风险，最直接、有效的方式是组合投资，把我们的钱分成很多份来投资不同种类的有价证券或者同一个种类的多个品种，主要包含两个方面：一是在大类资产中进行选择，包括股票、债券、现金等；二是在建立债券组合和股票组合后，在同一资产等级中选择几个品种的债券和股票并进行权重的分配。由于股票可以对应很多家上市公司，涉及很多行业，所以大家需要解决一些问题，比如该怎么选、权重怎么分配等。

一是较为均衡地分配组合内的仓位，选择相关性比较低的或不相关的标的，甚至是负相关的标的。如果大家挑选相关性很高的标的，那么该投资组合的关联效果就会很大。比如，大家可以选择科技、消费、医药等不同行业进行风险分散，以避免同一行业中突然受到政策方面、市场情况和意外事件的影响。

二是同时选择热门赛道和暂时未被市场挖掘的赛道，使布局更加均衡。

### 4. 指数基金的分析工具

当我们要具体分析某个指数或某只基金时，就需要一些切切实实的工具，主要有三个：指数官网、指数宝和天天基金网。

（1）指数官网

指数官网主要有两个：中证指数有限公司和国证指数，如下表所示。它们又包含四个指数，分别是中证系列指数、上证系列指数、深证系列指数和国证系列指数。中证系列指数的样本空间主要是沪、深两市，能全面反映 A 股，因为沪、深两市能反映 A 股的整体状况，它的代表指数是沪深300（大盘）和中证500（中小盘）；上证系列指数的样本空间是沪市，它的成分股全部来自上交所，它的代表指数是上证综指、上证 50 和上证180；深证系列指数的样本空间是深市，它的成分股很多来自深交所的中小板和创业板，但是它相比于上证系列指数，市值规模小很多，主要代表指数是深证综指、中小板指和创业板指；国证系列指数的样本空间虽然也是沪、深两市，但不是那么流行（在相比较的前提下），它跟踪的指数基金不管是数量还是规模都比较小。

| 指数官网 | 样本空间 | 特　点 | 代表指数 |
| --- | --- | --- | --- |
| 中证系列指数 | 沪、深两市 | 更能全面反映 A 股市场整体 | 沪深 300、中证 500 |
| 上证系列指数 | 沪市 | 成分股全部来自上交所 | 上证综指、上证 50、上证 180 |
| 深证系列指数 | 深市 | 成分股很多来自深交所的中小板和创业板，相比于上证系列指数，其市值规模偏小 | 深证综指、中小板指、创业板指 |
| 国证系列指数 | 沪、深两市 | 由深交所编制，相对不那么流行，跟踪的指数基金数量和规模也普遍偏小 | — |

具体怎么查询数据呢?下面以中证指数有限公司为例来为大家进行演示。

第 1 步:进入中证指数官网,在"首页"中单击"指数"菜单按钮,跳转到"指数体系"页面,如下图所示。

第 2 步:单击"中证指数系列"菜单按钮,跳转到条件设置页面,在其中进行相关条件的设置,如下图所示。

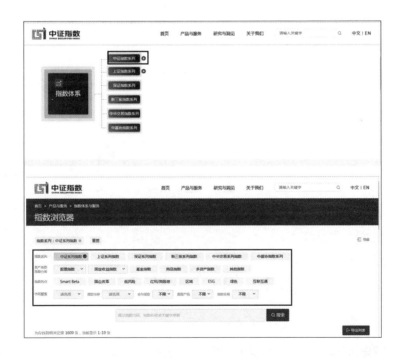

如果大家想找到对应的指数基金,则可以在"产品与服务"页面中选择"指数体系与服务"→"指数挂钩产品"菜单选项,然后在跳转的页面中选择或设置筛选条件进行指数基金的挑选,如下图所示。

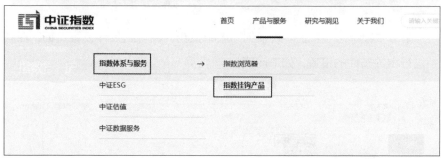

（2）指数宝

指数宝主要提供四个模块：一是市场模块，包括市场行情、机构动向、市场估值和宏观经济（经济动向）；二是股票指数模块，包括所有主流股票指数的信息数据与深度分析；三是指数基金模块，包括各种指数基金（ETF、指数型 LOF、场外指数基金）的详细信息、数据与深度分析及估值是被低估还是被高估；四是组合模块，主要是短线掘金和长线配置型的指数基金推荐组合。使用方法和前面一样，都是打开指数宝，选择想要查找数据的板块或行业，然后在列表中选择对应的指数选项，打开对应的详细信息页面。

（3）天天基金网

天天基金网是一个场外基金的购买平台，所以它更多的信息是关于场外基金的信息。虽然它的指数基金信息比较多，但是关于单只指数基金的详细信息比较少。

### 5. 指数增强型基金

既然我们把指数基金理解为被动型基金，那么自然可以把指数增强型基金理解为相对主动的被动型基金，或者加了杠杆的主动型基金。在通常情况下，基金经理在操作指数增强型基金时会适当跟踪指数，同时也会加入一些主观元素，通过这样的方式来扩大收益或获得超额回报，但风险也会相对提高。假设沪深 300 一年涨了 10%，被动型基金（指数基金）可以获得差不多的收益；而指数增强型基金在试着复制沪深 300 成分股的同时，也预留了一定的仓位给基金经理自由发挥，企图获得比 10% 更高的收益率。

在通常情况下，指数增强型基金会有 80%~90% 的仓位购买与这只跟踪指数一样的成分股，正是因为这些成分股的存在，使得这只指数基金可以像标的指数一样增长或下跌，然后预留 10%~20% 的仓位给基金经理自由发挥。他们正是通过这 10%~20% 的仓位来选择自己认为更好的股票作为增强型基金的成分股的，企图获取比跟踪的标的基金更高的收益率。

需要特别说明的是，由于指数增强型基金利用了 A 股中散户主导市场而且喜欢追涨杀跌的现状，所以它的风险和波动肯定高于指数基金，同时加入基金经理个人的投资能力、风格和其他主观判断等，导致增强型基金并不一定能跑赢指数，也有可能跑输指数。下图所示是景顺长城沪深 300 指数增强 A（000311）的阶段涨幅和累计收益率走势，可以看到，它虽然在近 3 月、近 2 年和近 3 年跑赢沪深 300 指数，不过在近 1 月、近 6 月和近 1 周都跑输沪深 300 指数。

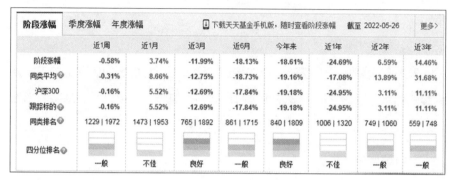

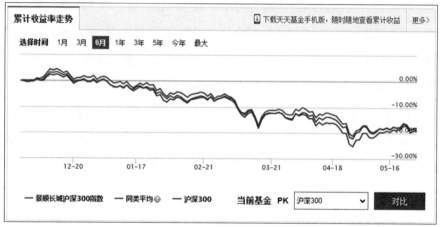

在指数增强型基金中既有跟踪指数，又有基金经理的操盘，因此，在选择指数增强型基金时，需要结合两个方面的操作知识：一是指数基金的分析和买入方式；二是挑选基金经理。相关知识在前面已经讲过，这里就不再赘述了。

## 7.2　混合型基金如何分析

混合型基金可以简单理解为组合基金，既有成长型股票、收益型股票，又有固定收益的债券等，其目的很简单，就是让投资者通过选择一款基金品种实现投资的多元化，且无须分别购买风格不同的股票型基金、债券型基金和货币市场基金。下表列举了目前市场上规模最大的 10 只混合型基金。

| 序　号 | 代　码 | 名　称 | 近一年收益率（%） | 近两年收益率（%） | 近三年收益率（%） | 近五年收益率（%） | 成立以来收益率（%） | 年化回报（%） | 基金规模（亿元） | 投资类型 |
|---|---|---|---|---|---|---|---|---|---|---|
| 1 | 005827 | 易方达蓝筹精选混合 | 13.3 | 96.8 | 无 | 无 | 155.9 | 38.0 | 898 | 偏股混合型基金 |
| 2 | 260108 | 景顺长城新兴成长混合 | 14.9 | 81.3 | 156.4 | 270.9 | 706.6 | 14..8 | 582 | 偏股混合型基金 |
| 3 | 161005 | 富国天惠成长混合 A/B（LOF） | 11.0 | 87.2 | 114.5 | 141.7 | 2 103.6 | 21.7 | 408 | 偏股混合型基金 |
| 4 | 163402 | 兴全趋势投资混合（LOF） | 11.6 | 66.9 | 96.5 | 125.7 | 2 491 | 22.9 | 384 | 灵活配置型基金 |
| 5 | 163417 | 兴全合宜混合（LOF）A | 17.7 | 84.3 | 117.7 | 无 | 94.9 | 20.7 | 337 | 灵活配置型基金 |
| 6 | 007119 | 睿远成长价值混合 A | 13.8 | 116.0 | 无 | 无 | 123.3 | 40.4 | 330 | 偏股混合型基金 |
| 7 | 163406 | 兴全合润混合（LOF） | 20.7 | 99.8 | 160.3 | 173.3 | 672.0 | 19.8 | 320 | 偏股混合型基金 |
| 8 | 161728 | 招商瑞智优选混合（LOF） | 6.8 | 11.8 | 18.4 | 无 | 18.9 | 5.7 | 268 | 灵活配置型基金 |
| 9 | 110011 | 易方达优质精选混合（QDII） | 16.3 | 88.1 | 138.3 | 242.3 | 935.5 | 19.4 | 287 | 偏股混合型基金 |
| 10 | 161131 | 易方达科润混合（LOF） | 4.9 | 10.1 | 16.1 | 无 | 16.8 | 5.1 | 285 | 灵活配置型基金 |

同时，混合型基金没有股票持仓数的限制，风险位于股票型基金和债券型基金之间，但仍然是高风险与高收益并存的。

另外，根据持股比例的不同（在投资策略中会更多样地讲解到不同组合的风险和仓位的配置），混合型基金可以分为四类：偏股混合型、偏债混合型、平衡混合型和灵活配置型。

### 1.偏股混合型

偏股混合型基金重点投资于股票类资产，股票投资比例下限大多不低于60%。下图所示是景顺长城新兴成长混合的详细信息，可以看出，它的股票持仓占比为91.86%，年化收益率大概是14.36%，最大回撤在27.72%左右（同类最大回撤是15.66%，在图表中就能比较、计算出这些数据）。

### 2.偏债混合型

偏债混合型基金重点投资于债券类资产，股票投资比例上限大多不高于50%。下图所示是汇添富稳健汇盈一年持有期混合的详细信息，可以看出，它的债券持仓占比为90.52%，年化收益率在6.08%左右，最大回撤在9%左右，比偏股混合型基金的风险要低一些。

## 3.平衡混合型

平衡混合型基金的股债配置相对均衡，股票和债券大多被限制在相似的区间内，比如股票与债券投资比例在20%~75%（通常规定股票投资比例不超过80%）。下图所示是广发稳健增长混合A的详细信息，可以看出，它的股票和债券投资比例比较适中，年化收益率在16%左右，优于沪深300，最大回撤在12.71%左右，仍然比偏股混合型基金的风险要低一些。

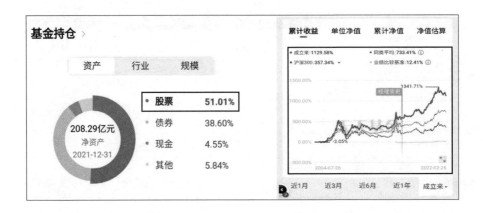

### 4. 灵活配置型

灵活配置型基金的股债配置比较灵活，股债投资比例也较为灵活。下图所示是兴全趋势投资混合（LOF）的详细信息，可以看出，它的股票和债券投资比例更加灵活，年化收益率在22.85%左右，优于沪深300，最大回撤比偏股混合型基金的最大回撤要低一些，甚至比同类基金的最大回撤还要低。

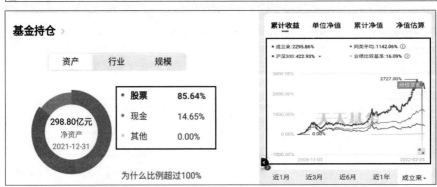

# 7.3　识别收益率的数字陷阱

在选择组合基金时，收益率肯定是参考指标之一，收益率越高获利越多，越会引起我们的兴趣,哪怕伴有高风险。不过，有时我们会被收益率数据迷惑，给我们一种错觉：总收益明显低于另一组合基金的总收益，但是我们总会觉得它的收益率更高，更值得投资。其实这就是收益率的数字陷阱。

比如，下面分别是 A 和 B 组合基金的年度复合收益率。

A：30%，−20%，30%，−15%，20%。

B：12%，8%，12%，−5%，10%。

大部分人的思维逻辑如下：

第一年，A 获利 30%，而 B 仅获利 12%，A 远胜 B。

第二年，A 跌了 20%，B 虽涨了 8%，但投资者会认为 B 的涨幅还不足以弥补去年落后 A 的 18%。

第三年，A 继续领先 B 18 个百分点。

第四年，A 跌了 15%，B 跌了 5%，B 再次让我们失望。

第五年，B 输给了 A 10 个百分点。

因此，大家觉得 A 组合基金的复合收益率高于 B 组合基金的复合收益率，最终选择买入 A 组合基金，从而掉入了收益率的数字陷阱。真实情况是 A 组合基金的年平均复合收益率 7.58% 低于 B 组合基金的年平均复合收益率 8.31%。

大家在挑选对比组合基金时，除了使用基金 App 或网站中已有的 PK 功能外，可以多花一点时间手动计算年平均复合收益率，让自己不被表面数字迷惑的同时把收益真正最大化。年平均复合收益率的计算方式可以简化为：

[(1+ 收益率 )×(1+ 收益率 )×(1+ 收益率 )×(1+ 收益率 )×…−1]÷ 年限

比如 A 组合基金的年平均复合收益率为 [(1+30%)×(1−20%)×(1+30%)×(1−15%)×(1+20%)−1]÷5=7.58%。

如果收益不是百分比而是具体金额，那么，年平均复合收益率的计算方式为：

年复合收益率 =( 期末资金 − 期初资金 )÷ 期初资金 ÷ 年限

有人会疑惑为什么要进行加权计算，而不是直接进行算术平均值计算。答案很简单：算术平均值计算的方式是错的，完全没有考虑时间和复利的加权。比如组合基金的四年收益率分别为 20%、−20%、20%、−20%，如果直接用算术平均值的方式计算，则年平均复合收益率为 0，而不是 −1.96%。

# 第8章

# 投资策略和不可能三角

资本市场像战场的比喻一点儿都不夸张，大家都想凭头脑挣钱，特别是获取阿尔法超额收益，都会把眼睛"看向"别人的钱包，想方设法地把别人的钱变成自己的钱，各种技能、策略、方式方法都可能用上。对于这个没有硝烟的战场，我们如果没有自己的一套策略或至少学习一套策略，拿什么去攻城略地? 市场不会同情任何人，也不会关照任何人，因此，唯一的自我武装方式就是自己掌握方法、策略，打出自己的组合拳。

# 8.1　核心卫星策略

核心卫星策略是一种比较经典的策略或资产配置思路，先以指数基金作为核心资产，观察指数的表现，再通过选取主动型基金充当卫星资产，以博取超额收益，示意图如下图所示。

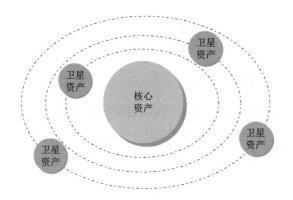

简而言之，就是大比例的稳健资产 + 小比例的冒险资产的搭配。比如核心资产配置 50% 以上的稳健收益资产来获得市场平均收益，卫星部分配置 30% 左右中高收益的进攻性资产以获取超额收益。在市场上涨时，能够跟着行情上涨，避免了"只赚指数不赚钱"的尴尬局面；而在市场下跌时，在一定程度上可以避免卫星资产跟错市场行情或风格的风险。另外，该策略还具有如下明显优势。

- 成本优势：由于大部分仓位是被动管理的指数基金，加之调仓频率较低，可以为我们大幅度降低资产的管理成本和交易成本。
- 多样化：可以纳入多种资产类别，选择范围广。随着 ETF 产品越来越多，供我们选择的品类也会越来越多。
- 易于管理：指数基金提供了长期稳定的行情表现，确定的仓位比例在很大程度上限制了我们自身的情绪影响，调仓标准也非常清晰，只要严格遵守纪律即可。

- 风险控制：核心仓位资产业绩的表现更加稳定，降低了组合的整体业绩波动性。加之各类资产间的相关性低，可以更显著地降低风险。

为了进一步降低风险，增加收益的稳定性，在具体配置资产时，我建议大家做到这两点：一是"核心"基金组合与"卫星"基金组合都尽量配置优秀的基金，且根据市场情况对组合比例进行调整；二是如果组合中的大部分资产是同一类型的基金，那么大家要尽量规避同涨同跌的品种。比如核心资产是 40% 的股票型基金，我们可以配置 15% 的沪深 300 蓝筹指数基金 +15% 的创业板指数基金 +10% 的美国消费基金，这三种基金的相关性比较低，这样可以更好地分散投资风险和优化组合的收益风险结构。

也许有人会疑惑，哪些股票型基金算是稳健型而适合作为核心资产? 哪些基金适合作为卫星资产? 答案很简单：稳健型基金具有充分的流动性和平均收益性。而宽基指数基金对应的行业分散，能反映整体趋势而非某个行业的趋势，属于比较好的选择对象。以沪深 300 或中证 500 对应的指数基金为代表。核心资产有两种搭配方式：一是定投沪深 300 与中证 500 的指数增强型基金；二是买入并持有沪深 300 与中证 500 的指数 ETF。

适合作为卫星资产的基金主要是主动管理型基金，以行业类基金或风格类基金为主，搭建的方式也有两种：一是行业和主题 ETF；二是优质的主动型基金。

至于如何控制核心资产与卫星资产的比例，大家可以根据自己的预定收益目标和承受风险意愿来灵活调整，也可以在市场行情变动下灵活调整仓位比例，做到收放自如。

当然，大家也可以用它来分析基金经理的选股风格是否符合核心卫星策略。比如易方达中小盘混合（110011），在 2015—2019 年五个自然年度全部跑赢大盘，且每年的超额收益相比于沪深 300 都有很大的优势。该基金 2019 年的收益率为 57.18%，最大回撤为 15.74%，夏普比率为 0.31。2020 Q2 前十大重仓股依次是泸州老窖、贵州茅台、五粮液、爱尔眼科、天坛生物、华兰生物、通策医疗、上海机场、苏泊尔、宇通客车，该基金经理的选股风格明显符合核心卫星策略。

## 8.2 杠铃策略

杠铃策略是指采取的策略由两个极端条件组成，中间空无一物，而不是单独的中庸模式。由于这种策略来自翻译的《反脆弱》一书，翻译者的水平不同，各种解释、各种描述都不尽相同，加之每位投资者的分析角度和经历不同，因此出现了很多种解读。为了让大家更好地理解杠铃策略，我讲述一个打猎的故事。

张三是猎人，他生活在原始森林里，每天靠捕获动物为生。为了每天都能成功捕获猎物填饱肚子，他会先找到几只容易捕获的小野猪，标记它们的位置和数量，心中估算有90%的把握抓到它们。然而，他又特别馋自己前几天在河道旁边看到的野牛，不仅个头大，而且口感好，还能吃上一段时间，不用每天都外出打猎，只不过捕获成功的概率只有40%，很有可能失败。

这时，张三在心里暗自盘算着：如果捕获野牛成功，则会有美味的野牛肉吃，不仅口感好，还可以吃上很久，不用每天劳作，可以安安心心休息几天；如果捕获野牛失败，也没有关系，还有小野猪备用，可以填饱肚子。然后，张三拔腿跑去河边猎杀野牛。

在故事中，猎人张三捕获猎物的思维方式就是典型的杠铃策略：要么大赢，实现美好预期（捕获野牛），要么不输，实现保守收益（捕获小野猪），没有第三个选项。在有限损失与巨大收益之间进行稳与搏的配置，示意图如下图所示。

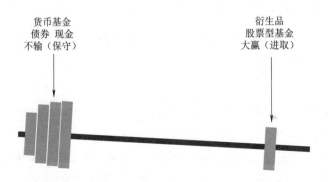

有人会有疑问：杠铃投资策略是债券投资策略，用在基金投资中是否合适？答案是肯定的、合适的，而且不分个人和机构。因为它只投资于短期债券和长期债券，不投资于中期债券。加之短期债券提供流动性，长期债券提供高收益，从而较好地兼顾资产的流动性与收益能力，较好地平衡收益与风险，尤其对各种极端市场环境有极好的适应能力，因此它也可以用在基金投资中。

在个人基金投资中，我更偏向于用大部分时间、大部分钱投入稳妥品种中，再用少部分时间、少部分钱投入高风险和高收益的冒险中以博取更高的收益。比如我用 85% 的资产投资于安全的、低风险的银行、债券、基金，用剩余的 15% 的资产去博取风险高的股票型基金，既能保证自己有最起码的收益，又能有机会实现较高收益，还能让自己的交易心态始终保持正常，不会出现慌不择路的错误操作。建议大家的筛选标准为（杠铃两端的资产配置方式）：价值——成长、大盘——中小盘、主动型——被动型、股票型——债券型、高风险——低风险等。

杠铃策略在投资机构中的应用虽然有些升级或变化，但本质没有变。以工银瑞信 2020 年 12 月发行的工银聚利 18 个月定开混合（A 类：009927；C 类：009928）为例，帮助大家更好地看懂和读懂一个投资组合，以及为自己挑选基金组合提供参考。

投资组合中股票资产的投资比例为基金资产的 0~30%，投资港股通投资标的股票比例占基金股票资产的比例为 0~50%。在固定收益类证券的安全垫基础上适度配置权益类资产，力求增厚收益。从长期收益来看，偏债混合型基金的波动较权益基金的波动明显平滑，而收益较纯债及二级债基金也有较大提升，风险收益性价比突出。从具体收益来看，债券资产短期波动小，收益较稳健，但长期收益低；股票资产短期波动较大，但具有长期高收益的可能性。其中，股债结合可以优化风险收益曲线，固收部分贡献稳定票息、积累安全垫、平滑净值波动，权益资产部分通过承担短期的波动以追求长期的较高收益。这样可以保证资金在承担较小的波动风险的前提下，依然有机会获取相对稳健的收益回报。

## 8.3 阿尔法对冲策略

如果把贝塔收益比作面、把阿尔法收益比作肉，那么，只有水平高的投资者才能吃上肉，水平一般的投资者只能吃面。那些想要吃肉的人就必须想办法获得阿尔法收益，也就是预期的超额正收益。可是市场波动风险一直都在，损失可不是每个人都能随随便便搞定的。特别是在市场行情下跌的情况下，即使具有高超选择能力的人也很难抵消市场下跌导致的损失。

幸好证券有价格，只要在买进卖出的双边交易过程中能赚钱，就可以实现收益保证。因此，有人利用这一双边操作原理想出了对冲策略，以对冲掉所有的市场波动风险，为投资者获取绝对收益提供了可能。而且操作原理简单，人为屏蔽复杂的市场行为，一心寻求那些具有较高阿尔法的基金，在未来两种可能的市场行为中进行对冲：一是如果在未来一段时间内整体市场行情下跌，那么投资者免受市场下跌的风险；二是如果在未来一段时间内整体市场行情上涨，那么投资者获得市场上涨的收益。

简而言之，阿尔法对冲策略是在持有基金时，做空一项风险资产（通常为股指期货），将组合的贝塔值降为 0，从而实现组合对市场整体走势的免疫。

例如，某一股票型基金 C，以沪深 300 代表市场指数，以周收益率数据为样本，贝塔系数为 1.1，阿尔法系数为 0.1%。投资者持有的基金 C 的当前净值规模为 100 元。为消除系统性风险，采取的阿尔法对冲策略如下：

做空沪深 300 股指期货的头寸为 110 元（1.1×100=110），使资产组合对市场整体走势免疫。如果未来一周沪深 300 下跌 5%，基金跌幅则为 5.4%（−5.5%+0.1%=−5.4%），其中 5.5%（1.1×5%=5.5%）的下跌由市场下跌引起，0.1% 的上涨由阿尔法贡献，持有基金 C 的损失为 5.4 元（100×5.4%=5.4），而在做空沪深 300 股指期货上的收益为 5.5 元（110×5%=5.5），整体组合的收益为 0.1 元（−5.4+5.5=0.1）。反之，如果未来一周沪深 300 上涨 5%，基金涨幅则为 5.6%（5.5%+0.1%=5.6%），其中，5.5%（1.1×5%=5.5%）的上涨由市场上涨引起，0.1% 的上涨由阿尔法贡献，持有基金 C 的收益为 5.6 元（100×5.6%=5.6），而在做空沪深 300 股指期货上的损失为 5.5 元（110×5%=5.5），整体组合的收益为 0.1 元（5.6−5.5=0.1）。

在实际投资中大家怎么来具体操作？下面分享其他几项手法。

**1. 多 / 空策略**

调整多、空资产比例，自由地调整基金面临的市场风险，规避不能把握的市场风险，尽可能降低风险，获取较稳定的收益。

**2. 套利策略**

对两类相关资产同时进行买入、卖出的反向交易以获取价差，在交易中一些风险因素会被对冲掉，留下的风险因素就是基金超额收益的来源。

**3. 事件驱动型策略**

投资那些发生特殊情形或重大重组的公司，比如发生收购、合并、破产重组、财务重组、资产重组或股票回购等行为的公司。

**4. 趋势策略**

通过判断证券或市场的走势来获利，有时还可以适当用杠杆增加盈利，包括新兴市场对冲基金、纯粹卖空基金、交易基金及衍生品基金等。

# 8.4 逆向投资策略

在资本市场中，投资者最头疼的难题有两大类：一是未来行情；二是入场时间。未来行情的不确定让我们不知道未来行情是上涨、下跌还是横盘震荡。入场时间的不确定让我们不知道什么时候入场是最佳时刻，到底是抄底还是摸顶，是真突破还是假防守。甚至有时风向突破，比如黑天鹅、政策因素，还会发生"踩踏"，羊群效应频频出现，造成了"7 亏 2 平 1 赚"的局面。

作为普通投资者，我们可以反其道而行之。大家都在一窝蜂地买卖某几个行业或板块的基金时，我们可以冷静下来寻找那些被大家暂时"冷落"的好基金，比如被低估的行业或板块的基金、暂时不被资金追捧的基金等，买入并持有，然后耐心等待价值回归或资金的追捧，从而实现低买高卖的获利。

我在这里必须强调一点，投资理财虽然不能一夜暴富，但是抓住好的投资机会，也能让自己的资本快速增长。优秀的投资者基本上都在耐心地等待机会，一旦机会出现就会立马抓住，而不是频繁地去试图抓取那些小机会，赚取蝇头小利，一定要有大气度、大目标，才能实现盈利。

因此，一旦采取了逆向投资策略，肯定会错过那些正在被追捧的、持续上涨的、看似收益颇丰的基金。同时，看着自己选择的基金仍然被低估、被冷落，时不时还会有下跌行情走势，又不确定未来上涨的时间在哪里，自己心里肯定会出现各种波动，心理压力不断增大，其中滋味肯定是够你难受的。另外，逆向投资策略必须寻找到那些被低估的行业或板块基金，所以，大家必须对基本面进行精确的分析，不能有失误，否则就是自己给自己挖坑，掉入价值陷阱中，最后导致自己既赔时间又亏钱。

什么是基本面？它是指对宏观经济运行态势、行业和公司基本情况的分析，包括公司经营理念与策略、整体经营态势、公司报表、财务状况、盈利状况、市场占有率、经营管理体制、人才构成等各个方面的分析。具体如何分析，大家可以自行查找相应的方法和技巧及关键点。下面我为大家举一个实例，帮助大家更好地理解。

2018 年，半导体行业进入衰退期，有一家市值 200 亿元左右的公司，因为行业景气度低，库存水平依然很低，之后订单快速增长，同时公司将赚到的钱的很大一部分投入研发中。有投资者认为这家公司的合理估值要比当时的市场估值高得多，他在估值 200 亿元时出手买入。之后，因为市场太悲观，股价还在继续下跌，但他继续加仓，坚持自己的策略。终于在 2021 年，这家公司的市值一度突破千亿元，投资者的收益翻了几倍。

## 8.5 "固收 +"策略

"固收 +"策略可以简单理解为固定收益 + 浮动收益的一种组合配置方式，在降低风险的同时增加收益。不过，大家要特别注意其中的浮动收益，不仅会增加整体收益，还可能会减少整体收益。当浮动收益为正收益时，整体收益增加；当浮动收益为负收益时，整体收益减少。因此，"固收 +"策略不等于保本保收益的储蓄，而是一种在平衡风险的前提下，力求获得超越货币基金、银行理财、普通债基收益的实用策略。下面我用一组假设数据来为大家演示说明。

假设我们的投资组合包含三类基金：纯债基金、二级债基和股票型基金，持有 1 年，本金为 10 万元，资金配置方式为纯债基金 7 万元、二级债基 2 万元、股票型基金 1 万元，分为上涨、下跌和震荡三种市场行情，收益率和获利情况如下表所示。

| 类　　型 | 资金配置 | 上涨行情 | | 下跌行情 | | 震荡行情 | |
|---|---|---|---|---|---|---|---|
| | | 收益率 | 获　利 | 收益率 | 获　利 | 收益率 | 获　利 |
| 纯债基金 | 7 万元 | 5% | 3 500 元 | 5% | 3 500 元 | 5% | 3 500 元 |
| 二级债基 | 2 万元 | 8% | 1 600 元 | 1% | 200 | 6% | 1 200 元 |
| 股票型基金 | 1 万元 | 25% | 2 500 元 | −25% | −2 500 元 | 20% | 2 000 元 |
| 合计 | 10 万元 | 7.6% | 7 600 元 | 1.2% | 1 200 元 | 6.7% | 6 700 元 |

大家从上表中可以看出，在上涨行情中，综合收益率为 7.6%，获利 7 600 元；在下跌行情中，综合收益率为 1.2%，获利 1 200 元；在震荡行情中，综合收益率为 6.7%，获利 6 700 元。在纯债基金的固定收益下，通过合理的资金配置，我们可以在一定程度上规避风险，实现相对较为稳定的收益。

不过，大家需要注意的是，一旦"+"的基金配置比例过高或收益率波动太大，也有可能变成负收益。比如将上表中股票型基金的配置金额更改为 3 万元，二级债基的配置金额更改为 1 万元，纯债基金的配置金额更改为 6 万元，在下跌行情中的收益率和获利都为负（−4.4%、−4 400 元），变成了"固收−"，如下表所示。

| 类　　型 | 资金配置 | 下跌行情 | |
|---|---|---|---|
| | | 收益率 | 获　利 |
| 纯债基金 | 6 万元 | 5% | 3 000 元 |
| 二级基金 | 1 万元 | 1% | 100 元 |
| 股票型基金 | 3 万元 | −25% | −7 500 元 |
| 合计 | 10 万元 | −4.4% | −4 400 元 |

因此，要最大限度地降低风险，就需要大家配置更多能实现稳定收益的基金。如果你或基金经理能准确预判未来市场的行情为上涨，则可以加大"+"部分的风险性基金的配置。

在众多的资金配置中，60∶40 是比较经典的股债恒定策略，比如你有 10 万元流动资金，可以将 60% 的资金用于"固收"投入，将 40% 的资金用于"+"部分投入。由于"固收"产品的净值波动较小，对择时的要求不是很高，可以一次性买入；而"+"产品的净值波动较大，建议大家可以分批或者定投买入。

在投资中，我们具体如何操作？如果你不想花时间，则可在基金软件或支付宝 App 中进入"固收+"页面，里面有很多推荐的基金组合。下图所示是天天基金网中的"固收+"基金推荐页面，大家在里面选择心仪的产品购买即可。

如果你有更高的要求或愿意花更多的时间去选择基金产品，则可以参考如下标准选择，把自己的收益风险进一步降低，获取更稳定、安心的收益。

### 1.每年都是正收益率

我们要实现稳定收益，就必须要求基金产品每年的收益率都是正值，做到最起码的"固收"保障，然后才是浮动收益。如果收益率都是负值，"固收"谈何实现？

同时，要看基金经理是否为同一人，如果不是，那么所有的历史收益率数据都没有参考价值。如果是同一人，则还可以去查看他管理时间最长的基金的历史收益率，毕竟那是他长期经营的产品，耗费了他的精力和能力，能更准确地展示其实力。

### 2. 最大回撤最小

最大回撤的大小意味着亏损的多少，因此，我们一定要挑选那些最大回撤最小的基金产品。

### 3. 可转债持仓比例小于 20%

2021 年是可转债的牛市，出现了爆发式的收益率，不过，这种爆发式的增长是不可持续的，随着可转债的估值被抬高，可转债的债性变低、股性变高，造成了 2022 年可转债市场的波动、变动，想要通过可转债获得超额收益的可能性变得很低。因此，如果投资组合中可转债的持仓比例超过 20%，则不能算是好的 "固收 +" 产品。

## 8.6　风险平价策略

很多投资策略都有一个共同点：利用组合内不同资产的风险波动大小来降低整体风险，因此往往会出现一种模糊的结果——保守型投资者多配置固收类资产，激进型投资者多配置股票类资产。不过，风险平价策略比它们更出色一些，它是以风险作为资产配置的模式，原理是调整不同风险资产在基金组合中的占比，达到不同资产对整体基金风险贡献相同的目的，也就是风险对冲。举一个简单的例子，帮助大家理解。

假设一只组合基金持有 50% 的股票和 50% 的债券，在未来某一时间段内，若股票行情下跌 50%，则需要债券行情上涨 50%，才能对冲掉风险。但常识告诉我们，债券行情不可能上涨 50%，因此，我们必须将基金的资产配置比例更改为 25% 的股票和 75% 的债券，这就是风险平价策略（在基金报告或公告中，会在投资策略中出现 "风险均衡" 字样）。

该策略有如下三个明显的好处。

一是在不确定的未来行情中，不需要大家做预测，也就意味着不需要做很多冒险的测试，比如进场测试是不是真突破或假突破等。

二是避免业绩陷阱，大家不用担心市场变动，特别是长期资产中的权益类资产和债券。比如20世纪90年代末，科技股疯涨了10年，市场预计将有连续20年的20%的高增长，但现实是倒退了10年。

三是强迫投资者进行分散化投资，每种资产分配相同的风险权重，所以，最大的损失就是某一资产配置部分的损失。比如，2007年，投资级债券的信用利差大幅上涨到200个基点，投资者认为债券很便宜，认定为抄底的时刻，完全不顾债券本身存在的问题，纷纷买入。直到2008年信贷崩溃时，投资级债券的信用利差从200个基点上升至600多个基点，给投资者带来了巨大的损失。如果投资者能采用风险平价策略，则不会亏损得那样惨。又如2009年，Invesco发起的风险平衡基金是第一个基于美国市场的风险平价共同基金，并且取得了较大成功，现在的市值有100亿美元。该组合资产配置十分简单，股票、固定收益证券、大宗商品各占1/3的风险权重，然后根据市场波动，上下波动幅度最多为50%，即每种资产类别的风险权重最多占50%。该基金不仅在商业上很成功，自身业绩表现也很好，在市场行情普遍下跌时，该基金仍上涨超过2%。

在实际投资中，大家如何构建风险平价策略？

第1步：挑选资产。挑选股票、债券和大宗商品，并划分其具有的风险因子，比如全球股票、新兴市场股票、国债、企业债、抗通胀债券和大宗商品等。

第2步：计算每种资产对于组合的风险贡献。估算出各项资产对于组合总风险的贡献度。

第3步：配置风险因子比例。计算出每种资产应该配置的比例。

比如，假设组合中的风险系数分别是：股票是4、商品是3、REITS是2、债券是1，风险平衡为48%，那么可以在组合中给股票、商品、REITS、债券配置的比重分别为12%、16%、24%、48%，使得组合中的股票（4×12%）、债券（3×16%）、REITS（2×24%）、商品（1×48%）四类资产的风险都相等。

在投资过程中，我遇到的一些投资者对风险平价投资策略有两个误解：一是风险对冲，必定收益平庸；二是杠杆。对于第一个误解，我用一组数据就能回应：1970—2015年，桥水公司采用风险平价策略给投资者带来了平均年化 12% 的收益率，而我们以为收益率会更高的股债配比为 6∶4、7∶3，或者更高比例的基金，平均年化收益率不过 9%，因此，风险对冲并不一定收益平庸。

对于第二个误解，有人认为风险平价策略是一种加了杠杆的债券策略。其实，这种理解是不全面的，这里的杠杆并不是债券杠杆，实际上这个杠杆是用在整个组合的层面的。为什么要用一个杠杆？实际上是因为风险平价产品的风险分散化程度太高了，使得这个组合在没有杠杆的情况下，自身的波动率特别低，收益也较低。比如，我们想达到 0.8 的夏普比率，期望收益率在 8% 左右，那么，市场需要 10% 左右的波动率。但没有杠杆的基金组合波动率只有 3%~4%，显然无法实现目标。所以，我们需要动用杠杆使波动率达到 10%。

## 8.7　再平衡策略

有的读者可能会认为这一节讲解全天候策略才是情理之中的事，不过，投资老手都知道全天候策略就是风险平价策略与再平衡策略的联合应用，原因很简单：全天候策略的具体操作方法就是先对组合中的各类资产进行风险预估和划分，然后在预定的时间点或阈值处再次进行资产的权重配置。因此，在本节中我讲解再平衡策略。

在投资组合中要降低整体风险或避免浮盈浮亏的情况，再平衡策略是非常有效的方式。它的原理很简单：确定股票与债券的资产配比，在经历一段时间或达到阈值后，将股票与债券资产的比值恢复到初始状态。

比如，在一个股票和债券配合的组合中，随着中短期股价的上涨，组合中的股债比例被打破，股票权重变得越来越大，债券权重变得越来越小，一旦达到预定的阈值，立即执行再平衡策略，卖出一部分上涨的股票，买入一部分涨跌不多的债券，锁定部分股票上涨的收益，降低组合的风险。反之，在中短期之内股票价格下跌，股票买入成本下降，潜在收益上升（前提是上市公司的基本面没有发生重大变化），而债券权重就会显得偏大，此时，卖出部分债券，买入跌幅较大的股票，在平衡资产配置比例的同时锁定部分债券收益（中长期的债券收益总是曲线上涨的）。

其中有三个关键点，如下：

一是制订交易计划和原则。

二是预定时间和阈值。

三是严格执行，不因市场临时变动而犹豫或临时改变策略。

在实战中，通常分为三种再平衡情况。

### 1.情况一：阈值

阈值也就是偏离度（偏离达到的幅度，与第5章中讲解的定期不定额中的阈值是一样的），比如3%、5%或10%。一旦触发预定的阈值，立即对资产配置比例进行灵活调整，既没有调整次数的限定，也没有时间的约束。

### 2.情况二：时间周期

根据事先设定的时间周期来进行资产配置比例的再平衡，比如月、季度、半年、一年等。完全不考虑阈值情况，一旦到达预定的时间点，严格执行再平衡策略。

### 3.情况三：阈值和时间周期

组合在预定的时间周期内，触发预定的阈值才进行再平衡。比如，计划组合进行月度跟踪，阈值为8%。在进行月度核查时，如果组合内的资产配置偏离目标资产配置达到8%或更高，立即执行再平衡操作。

## 8.8  对冲基金的多空策略

自2013年11月7日国内第一只对冲基金（嘉实绝对收益策略定期混合基金）发行以来，对冲基金逐渐成为公募基金的一员，且不断增多。由于它能有效降低基金投资组合的风险，被越来越多的投资者关注和青睐。

对冲基金策略中的很多组合投资手法不仅可以直接运用，还可以在很大程度上开拓我们投资的视角和生意头脑（基金投资本质上就是投生意），大家会发现：投资赚钱还可以这样来操作。其实可转债套利的手法也是对冲基金策略之一，比如典型的正股套利手法。

下面介绍几种常用的、好用的策略。

### 1. 股票多空

股票多空是基金最常使用的策略，通过多头和空头的组合来减少市场波动的风险，依靠的还是多头（空头）业绩战胜空头（多头）的相对情况（差值）。即使我们错误地判断了市场的方向，但是依然可以通过两个头寸的相对业绩带来正向收益。

最理想的结果是：多头上涨、空头下跌，带来双倍的阿尔法收益，卖空抵押物带来利息回扣，流动性好的准备金的利率。示例如下：

一只对冲基金的规模为 100 元，我们发现股票 A 被低估、股票 B 被高估，于是我们拿 90 元买入股票 A，剩余现金 10 元，多头风险敞口为 90%，总风险敞口为权益资本的 90%。然后加入杠杆，借 80 元买入股票 B，接着全部卖出，只需在到期日时支付一笔租借费用。此时，我们的投资组合包含了 90 元的股票 A 多头，80 元的股票 B 空头，90 元的现金，260 元的总资产，杠杆为 2.6 倍，170% 的总风险敞口。

半年后，如果股票 A 上涨 10%，股票 B 下跌 5%，利率上涨 1%，那么投资组合的总收益为 90×10%+80×5%+90×1%=13.9（元）。如果半年后股票 A 上涨 10%，股票 B 上涨 5%，利率上涨 1%，那么投资组合的总收益为 90×10%-80×5%+90×1%=5.9（元）。

多空策略虽然好用，但是同样有明显的缺点。

- 交易成本较高。由于加了杠杆，使得初始资本增多，而交易费用又是基于初始资本来计算的。
- 换手率较高。由于市场波动，需要经常调整组合的比例，调整风险（这一点与风险平价策略相似）。
- 执行延迟。一些交易所规定只能在股票价格上涨或持平时，才允许投资者做空。

### 2. 单向做空

单向做空是指在基金市场上寻找那些被高估的公司，免费借这些公司的股票，然后卖出，等待这些股票下跌，再低价买入股票还给上市公司，赚取中间的差价，最后实现盈利。这里有三个关键词：寻找、免费借、差价，只要找准了目标公司正股，就可以操作。反之，股价上涨，用高价买入股票还给上市公司，利润变成亏损，"偷鸡不成蚀把米"。

怎样寻找那些被高估的股票呢？大家可以从这几个点入手：财务数据很差、经常更换审计、处于过饱和的行业、P/E 值太高又无法验证、遭遇失败的并购、面临潜在的公众形象问题、超过 10% 的市值被卖出、黑天鹅或证券分析师对公司的评价里有"减持"和"保持"字眼等。

同时，在文字中间，我们能明显感知到的风险如下。

- 市场风险：被高估的股票，由于政策影响、热点事件推动或科技更新等继续被高估，股价继续上涨，变成了多头，而不是空头。
- 流动性风险：免费借的股票卖不出去。
- 召回风险：卖出的股票被要求收回，自己又找不到出借股票的对象，只好平仓，在股价下跌前回购卖出的股票。

### 3. 困境证券

在这两年的新闻中，时不时会爆出某家企业或投资机构购买那些陷入债务或现金流出问题的企业债券。外行认为他们是白马王子，其实并不是，而是一种投资策略，不仅可以在消息不对称中获取巨大的折扣价格收益，还可以通过出售部分业务来获得良好的收益。

需要注意的是，多空策略应用的困境，一定是债务和现金流出现重大问题的企业，最好的办法是出售一部分资产或者重组；而不是那些即将破产清算的企业，因为这些企业的价值只有资产出售的价格，风险大且利润有限，介于市场价格和清算价格之间。

另外，我们作为投资者，一定要认准的是被动困境证券（等待合适的机会买入，并且不会参与公司重组，只是等待价格上涨时卖出），而不是主动困境证券，因为它可能是私募基金或其他没被监管的渠道，会大大增加风险。

### 4. 可转债套利

该策略的知识在第 4 章中已讲解，这里就不再赘述了。

# 8.9 投资的不可能三角

虽然我为大家讲解了投资的经典策略，可以帮助大家在复杂的资本市场中抓住、守住赚钱机会，但是有一点必须告知大家：基金投资不可能同时满足收益性、安全性和流动性，也就是业内人士称为的投资不可能三角铁律，也被称为三元悖论，示意图如下图所示。其中，安全性是指你的本金会不会亏损，融资方会不会拿钱跑路；流动性是指你把投资品在短时间内以接近市场价值的价格再变回现金的能力；收益性是指你这次投资能带来多少回报，比如 3%、5%、10%。

如果有券商销售人员向你推荐的基金或理财产品既能保证安全，又能有高收益，还能随取随用，那肯定是骗你的，大家千万不要上当。我们必须有所取舍，最多只能满足其中的两角，对剩下的一角不奢求，做到有舍有得。

作为普通大众，我们应该把安全性放在首位，流动性次之，收益性最后。原因很简单：一是对于投资者而言，市场中的钱永远赚不完，但是自己的钱可能会亏完，比如 10 万元本金，收益率为 100%，最后本金才能变成 20 万元；而收益率为 −50%，最后本金直接变成 5 万元。当然，这不一定要求大家只能选择低风险基金进行投资，大家仍然可以考虑自身的风险承受能力和意愿。二是如果本金不是闲钱或短期着急使用，就只能选择高流动性的投资品种。有些投资者心存侥幸，想在行情较好时入场以赚短线差价（低买高卖）；一旦行情发生转变，一路下跌，又急着用钱，则只能割肉出局。

风险、收益和流动性是投资任何品种都需要我们进行衡量的三个关键要素。遗憾的是，这三者不能共存，大家必须在三者之间进行取舍。下面介绍几种常见的组合方式，供大家参考。

### 1. 低风险 + 高流动性

最佳的选择是货币基金和活期理财，但收益率都较低，很难超过 4%。比如余额宝，典型的货币基金，完全按天计算收益，而且每天都会有收益自动到账，不仅风险很低，还能随时赎回，流动性非常好。可是收益率很低，截至 2022 年 5 月 12 日，余额宝的 7 日年化收益率已经下降至 1.693 0%。

### 2. 低风险 + 中高收益

大家既想要承担低风险，又想要提高收益，可以牺牲流动性来实现。最直接的策略是把活期类理财转向定期类理财，或转向指数基金投资。有的投资品种持有的时间越短，风险越大。但如果把持有时间拉长，流动性降低，风险就会变小，预期收益也会变大。

### 3. 高收益 + 高流动性

如果大家选择了承担风险，不是特别在意本金的安全性，则可以选择偏股型基金、混合型基金和灵活配置型基金，甚至可以加一定比例的杠杆。这三类基金的流动性较好，可以随时赎回，长期年化收益率能超过 10%，部分优秀的基金能做到 20% 以上的年化复合收益率，不过，基金的净值波动较大、回撤较大，风险肯定高。

# 第 9 章

# 买入基金多年后的经验总结

投资越久越会发现金融市场中个人不是单独的个体，而是整体的个体。整体的任何波动变化都会让个体发生很大的改变，甚至是致命性的改变。因此，我们需要把整体放在首位，然后才是自己，也就是我们先做到顺势，至少是不逆势，再发挥自己的技能、技巧在市场中拼眼光、拼智慧、拼才能。

那么，金融市场中哪些是"整体"？什么是我们拗不过的大势呢？答案是政策、行业、赛道和周期等。无论你多有才华、多有眼光、多有耐力、投资体系如何强大，都必须按政策行动、选对行业、进准赛道、符合周期，才有可能获利。

## 9.1 国家政策决定基金市场基调

任何市场、机构或个人都要符合政策的潮流。因此，我们除了跟随市场，更要顺从政策，顺大势而为。此时完全可以摒弃"别人恐惧时我贪婪"的"真理"，否则你就会亏得一塌糊涂，基金经理也是一样的。

反例：2021年上半年对教培行业进行整顿，国内头部的教培机构股价开始下降。2021年7月23日，中概股好未来（TAL.N）应声下跌70.76%，盘中一度触发熔断，高途集团（跟谁学）（GOTU.N）下跌63.26%，新东方（EDU.N）下跌54.22%，三家公司单日市值合计蒸发近1 000亿元。将时间线拉长，大家会发现，随着相关部门开展校外培训机构专项整治，2021年教培中概股的表现更是惨烈，其中，高途集团（跟谁学）从年内高点149美元/股跌至3.52美元/股，跌幅达97.64%，好未来、一起教育科技（YQ.O）、流利说（LAIX.N）等公司股价跌幅超90%，新东方跌幅也达85.33%，如下图所示。

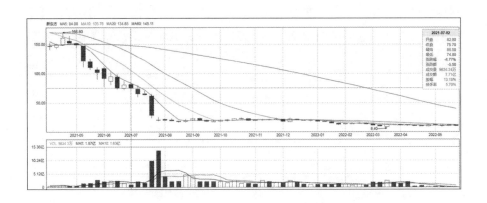

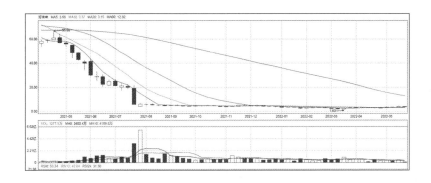

　　那些及时出逃的投资者和基金经理不仅躲过了亏损，反而因为往年业绩的积累获得了收益。比如 2021 年一季度末，易方达亚洲精选持有新东方 130 万股，并于二季度抛售。按照 2021 年二季度该股 10.745 美元 / 股的均价计算，共获利 1 396.85 万美元。

　　那些没有及时出逃的投资者和基金经理由于逆势而为，亏损惨重。比如交银新成长、交银精选、交银瑞丰合计持有中公教育 6 581.28 万股，到了二季度末，三只基金持股数量合计增加 2 606.36 万股至 9 187.64 万股，而中公教育股价下跌 26.60%，给投资人带来巨大的损失，基金机构不得不向投资人道歉。同样，汇添富香港优势精选混合持有好未来和新东方同样亏损严重，单一亏损达到 2 303.66 万元。

　　正例：2017 年提出了建设雄安新区的发展目标，同年 4 月就有很多雄安新区个股纷纷走强，包括东方雨虹、首创环保、创业环保、冀东装备、青龙管业、银龙股份等，甚至与雄安沾边的概念股全部排在了集合竞价涨停板上。

　　下图所示是雄安新区概念和创业环保的周线图，可以看到其股价在一段时间内被迅速拉高。

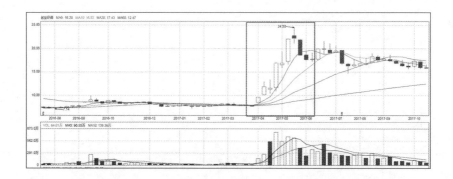

其中，持有较多雄安新区概念股的基金收益率非常可观，比如华安策略优选混合基金重仓持有两只雄安新区概念股，近一年的收益率达到 55.35%，鹏华钢铁分级基金重仓雄安新区概念股的近一年收益率达到 18.54%。

综上，国家政策决定了基金市场的基调。作为投资人，不管是副业还是全职，都应该时刻关注国家政策，及时调整自己的投资方向，包括换掉那些逆势而为的基金经理。

# 9.2 宏观经济因素影响市场走向

如果把金融市场比喻为一棵树，那么宏观经济因素就是环境气候，直接决定树的繁茂与凋谢。因此，我们必须在寒冬砍树，在暖春播种，在热夏施肥，在凉秋收果。

### 1.GDP 对股票市场的影响

GDP 即国内生产总值，是反映一国经济实力的综合指标，而且对股市的影响是正相关的。当 GDP 增长时，投资者对未来预期持看好态度，会看好股市加大投资，股票价格自然上升，带来股市市值上升，指数基金和股票型基金的价格随之上涨。反之，当 GDP 增速放慢或下降时，投资者对未来预期持观望或消极态度，会看跌股市从而减少投资或放慢投资速度，股票价格自然震荡或下降，带来股市市值持平或下降，指数基金和股票型基金的价格随之放慢增长或下降。比如 2006—2015 年我国 GDP 呈现上升趋势，上证指数的增长率也随着 GDP 波动上升，如下图所示。

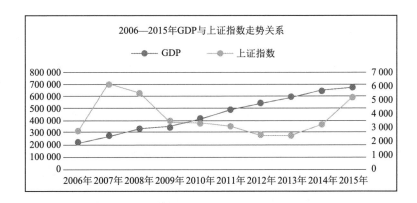

需要补充一句，前面讲过定投就是投国运，GDP 越涨投资者的被动收益也会随着涨，这符合定投的基本趋势：时间越长获利越高，获利率甚至达到 100%。下图所示是 2012—2022 年沪深 300 的走势。

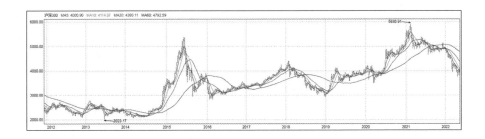

### 2. 利率对股票市场的影响

银行利率下降，就会导致存款人的收益下降，甚至跑不赢通胀，因此，很多投资人就会将钱投向股市，股市里面的钱多了，股价自然会被拉升；反之，银行利率上升，就会导致股市里的钱流向银行存储，股市里面的钱少了，股价自然会下降。因此，利率的升降与股价的涨跌呈反相关。

还有如下两个原因，让利率的升降与股价的涨跌呈反相关。

利率上升，不仅会增加公司的借款成本，而且还会使企业难以获得必需的资金，企业不得不削减生产规模，导致减少公司的未来利润，反映在股市上，股票价格下降。比如 2004 年年底开始了加息周期，对股市的压制作用非常明显，上证综指的市盈率一路下跌，出现了长达两年的熊市，如下图所示。

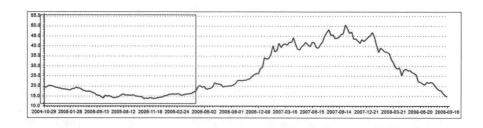

利率上升，投资者据以评估股票价值的折现率也会上升，股票价值因此会下降，使股票价格相应下降；反之，利率下降，股票价格就会上升，容易打造"资金牛"。比如 1996 年 5 月 1 日—2004 年 10 月 29 日的降息周期，上证综指在 5 年里上涨 3 倍多，市盈率从 25 倍上升到 55 倍，带来了很强的牛市效应，如下图所示。

### 3. 汇率对股票市场的影响

在宏观层面上，货币大幅度贬值，投资者的投资预期收益会减少，资金会流出，股价会下跌；反之，资金会流入，股价会上涨。同时，货币大幅度增值，利率下降，低利率引起流通性增加，对股市利好。

比如，Wind 数据显示，Wind 开放式基金分类当中的 QDII 债券型基金共有 55 只，在 2018 年 3 月 27 日至 7 月 24 日汇率贬值的这段时间内，这 55 只基金的复权单位净值增长率中位数是 +1.06%。其中，工银瑞信全球美元债 A 人民币（003385.OF）从 2017 年 7 月至 2018 年 2 月的净值总体处于下跌状态。由于汇率贬值，自 2018 年 4 月底开始就迎来了一轮凌厉的涨势。

### 4. 通货膨胀对股票市场的影响

通货膨胀既有刺激股票市场的作用，又有压制股票市场的作用。良性的通货膨胀会刺激经济增长和上市公司业绩的增长，由于流通中的货币增多，必然会有一部分货币流入股市，引起股市资金增加、需求扩大，从而推动股市的增长。恶性的通货膨胀会导致物价持续上涨，企业的成本压力直接加大，企业会出现经营困难，现金流和利润将会大大减少，虽然政府会从宏观调控的角度出发，出台一些从紧政策治理通货膨胀，但反映在股市上，股价下降。

比如，2010 年 5 月至 2012 年 5 月，月度 CPI 同比涨幅均值为 4.52%，一度出现股债双杀，股票型基金更是出现了 9.08% 的亏损。

**5. 税收和国债对股票市场的影响**

税收和国债是政府调整宏观经济的重要手段，主要表现在如下两个方面。

一是减税增加居民的收入，扩大股市潜在资金的供应量，减轻上市公司的经营成本负担，增加企业的现金流和利润，反映在股市上，股价趋于上升；反之，增税会让居民和企业的纳税金额变多，直接减少居民和企业的收入，居民投资股市的潜在资金变少，加重上市公司的经营成本负担，相对减少企业的现金流和利润，反映在股市上，股价趋于下降。

二是国债本身是构成证券市场金融资产总量的重要部分，也是股票的竞争性金融资产。由于国债的信用程度高、风险水平低，因此，如果国债的发行量较大，则将会降低证券市场的风险和收益。同时，国债利率的升降变动严重影响着其他证券的发行和价格，当国债利率水平提高时，投资者就会把资金投入国债，股价肯定会下跌。

比如，2020 年 4 月，国债利率整体处于下跌的状态，而权益基金的收益率大涨，债基 1—4 月的绝对收益率均值达到 2.8%。2020 年 5 月，国债利率整体处于上涨的状态，除少数中短债基金不怎么受影响外，其他基金普遍进入下跌的状态。

# 9.3　行业赛道决定投资方向

除了国家政策、经济周期等不可抗力因素，其他投资事项都掌握在我们自己的手中，我们可以通过脚踏实地的分析来找到合适的投资赛道和机会。

其中,最先入手的是选行业,先把大的赛道确定下来,再对基金产品进行挑选。

有的人会认为行业太大了,普通投资者连一些基本数据都无法全部找到,更没有自己的投研团队专门去做市场调查,想要分析行业,就算有心也无力。其实,这种想法是错误的。行业分析是全局分析,不需要特别细分的数据,只需要一些宏观的数据,比如市场整体规模预估数据等。大家可以从以下三个方面入手。

### 1. 未来 5~8 年的行业成长空间有多大

基金投资与做实业没有本质的区别,都是通过企业未来实实在在的业绩来赚钱的,因此,我们一定要了解这个行业未来 5~8 年的成长空间有多大,也就是行业天花板在哪里,蛋糕到底能做到多大,顺便了解该行业能为我们的投资容错提供多大的空间。我们肯定会找一个市场成长空间足够大或相比之下更大的行业赛道。比如预计未来 5~8 年芯片制造上游设备光刻机龙头收入体量为 500 亿美元,中游芯片设计制造龙头收入体量为 800 亿美元,下游手机龙头收入体量为 3 200 亿美元。那么,相比之下,我们可能更适合选择下游行业的二级投资市场,进行基金或股票的持有(行业未来的成长空间大,即使在中途有波动,也只是"茶杯里的风险",完全可以忽视)。

为什么这里要强调 5~8 年而不是更短或更长时间? 大家知道一个行业或一家企业从成立到盈利至少需要几年的时间,在这几年里有的企业会被淘汰,有的企业会脱颖而出成为上市公司,甚至是龙头企业,这样我们才有投资机会或选择龙头的机会,过早投入会带来很大的不确定性风险;反之,如果时间维度太长,那么行业的未来反而不太能确定,时间成本也很高。

### 2. 行业成长速度有多快

在投资组合中或重仓持股中,我们不仅要掌握行业天花板在哪里,还要了解该行业"奔跑"的速度是多少,什么时候能"跑到"自己理想的位置,实现自己的理想预期或盈利目标。不能只有美好的未来,还要有较为顺利的过程,不能一波三折、走走停停,甚至停滞倒退,那谁能等得起? 比如人工智能,1956 年就提出 20 年计划,从最基础的人形机器到国际象棋冠军,再到可以做任何人类能做的工作,在今天看来除第三个目标"做任何人类能做的工作"

外，其他两个目标都已经实现了，行业成长空间也特别大，但是，谁能想到这中间经历了 67 年，遭遇了三次停摆，甚至一度被叫停，沉沦了近 20 年。在大数据和云计算的支撑下，才出现了今天的无人驾驶、智能音箱等各种智能化设备。

又如，1998 年中国房地产市场开启市场化改革，房地产行业的年均回报率超过 19%，在去库存的政策影响下增速更快。这也是很多基金经理重仓房地产股的原因（行业体量大、增速快）。

### 3. 投资回报率是否高

找到了成长空间大、成长速度快的行业或企业，虽然基本上确定了好的赛道和方向，但是一定要保证它能给我们带来好的投资回报，否则就是我们在白忙活，没有分到合适的利益"蛋糕"。因此，最后这一点最为实际，投资的行业一定要给我们带来较高的回报率，至少是理想的回报率。比如 1978—2008 年的美国航空行业，虽然处于中高速成长期，但是由于美国航空行业处于完全的市场竞争中，直到 2009 年才形成了寡头，期间 CR5 从 65% 大幅下滑至 51% 左右，累计亏损 500 亿美元，导致包括巴菲特在内等众多投资者严重亏损。

# 9.4　经济周期影响标的选择（美林时钟经济周期）

从投资策略上来讲，美林时钟经济周期属于组合投资策略的一种，根据不同的周期调整投资组合内的配置或持仓比例来调整风险和收益。不过，我个人认为它更应该属于行业周期，投资者必须顺着它的规律来投资，不能不遵循，属于不可抗力因素之一，所以放在这里讲解。

经济周期也被称商业周期、景气循环，一般是指经济活动沿着经济发展的总体趋势所经历的有规律的扩张和收缩。它既是国民总产出、总收入和总就业的波动，也是国民收入或总体经济活动扩张与紧缩的交替或周期性波动变化。每个经济周期可以分为繁荣、衰退、萧条和复苏四个阶段。

其实，大家可以将经济周期直白地理解为经济轮回，像春夏秋冬一样不断循环轮回，让投资者可预期或抓住投资机会，在春天（经济复苏期）买入、在夏天（经济繁荣期）交易、在秋天（经济衰退期）退出、在冬天（经济萧条期）观望或谨慎操作，抑或是在不同阶段买入最合适的基金品类。

这样一来，投资者就可以根据经济周期来判断当下可以买入哪些行业或公司的基金，抑或是通过预测未来的市场情况来判断买入或卖出情况，做到顺"势"而为。

因为有不同的学派，所以经济周期又分为很多种，比如基钦周期、朱格拉周期、库兹涅茨周期、康德拉基耶夫周期、太阳黑子周期等。同时，加上政策因素等调控因素，在很多时候会让大家"丈二和尚——摸不着头脑"。此时，大家可以化繁为简，直接用美林投资时钟来进行直观分析。

美林投资时钟是针对经济周期进行投资的一种策略，使用经济增长率（GDP）及通货膨胀率（CPI）两个宏观指标，将其划分为上行和下行两种状态，进而组成四种经济周期形态——复苏（春）、过热（夏）、滞胀（秋）、衰退（冬），示意图如下图所示。

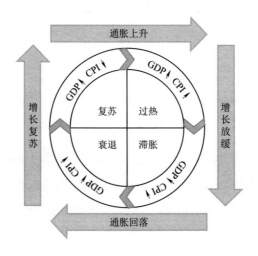

在每种形态下都有符合其周期特征的资产配置策略。直接回答投资者一个问题：什么时候买什么？

- 复苏阶段——周期性增长：经济上行通胀下行，也就是高 GDP 低 CPI，大类资产中股票的回报最好，持有电信、消费、信息高科技和基础原材料行业最好。

- 过热阶段——周期性价值：经济上行通胀上行，也就是高 GDP 高 CPI，大类资产中商品的回报最好，持有工业、石油、天然气、信息高科技和基础原材料行业最好。
- 滞胀阶段——防御性价值：经济下行通胀上行，也就是低 GDP 高 CPI，持有公用事业、石油、天然气、医药和主要消费行业最好。
- 衰退阶段——防御性增长：经济下行通胀下行，也就是低 GDP 低 CPI，持有金融、医药、主要消费和可选消费行业最好。

每个人的财富积累不一定是因为自己多有本事，财富积累完全来源于经济周期运行的阶段所带来的机会，只要我们能抓住机会，就能快速积累起比较多的财富。

# 9.5　单个指标判定市场行情走势是错误的

我们在判断一只基金是否值得买入时，综合分析的指标有很多，比如市盈率、夏普比率、最大回撤、阿尔法收益、基金经理的投资风格、历史收益率、基金规模、成立时间、经济周期、国家政策等（如果有不明白的朋友，则可以先回头看看前面的内容，把基金分析的体系厘清），而不是完全单靠某一指标来判断基金未来的收益的，也就是判断基金的未来行情走势是上涨、下跌还是震荡，这无异于赌博，而赌博的大概率结果就是"输"，完全不符合投资的逻辑。

比如，某平台讲师自称使用市盈率发明了一个新指标，专门用来抄底市场行情。根据他的逻辑，双汇发展在经历了 2021 年 3—4 月的持续下跌后，在 4—6 月之间企稳，股价估值明显已经到达底部，出现了所谓的"黄金坑"，是投资者抄底的最好时机。可事与愿违，双汇发展经过简单盘整以后随即开始了继续下跌之路，投资者被套了几个月，账户浮亏超过 30%，接着来了一波反抽，随后大盘继续下跌，弱势的双汇发展由于业绩继续下滑，导致行情开启了连续性的下跌，如下图所示。

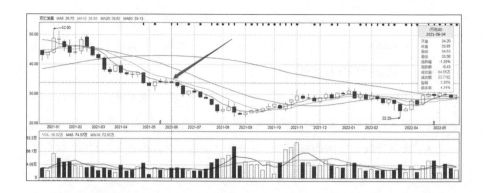

正确的思路应该是：首先在上证指数中查看市盈率是否被低估，然后分析行业所处的经济周期，接着分析企业的业绩或利润情况，最后看市场行情的波动率、最大回撤、持仓结构等。分析得知，双汇发展的市盈率较低但业绩持续下滑（毛利收入与上年相比下降 −0.53%，营业收入下降 9.72%），经济周期处于下行阶段，加之监管趋严（屠宰行业的规模化程度）等因素，因此，双汇发展的未来市场行情没有上涨动力支撑，未来市场行情应该是持续走低。

## 9.6 不迷信"价值投资理念＋长期持有策略"能战胜一切市场

"价值投资理念＋长期持有策略"是目前极为流行的一种投资模型。它为什么能成为市场上十分火热的一种投资模型呢？我总结了以下几点原因。

一是价值投资理念简单易懂，价格围绕价值波动，有价值被低估的品种买入就可以。长期持有策略更是给人一种轻松执行的感受。很多人在接触到这种投资模型时都会被吸引，因为大家都想找出一套最好的投资理念和交易策略来进行投资，而"价值投资理念＋长期持有策略"可以被看成为广大投资者量身定做的万全之策，无论是谁，在学习后都会深陷其中，无法自拔。西蒙斯 30 年的年化收益率为 66%，是华尔街公认的不可逾越的一座大山。如果让你学习西蒙斯的成功之路，先在数学领域达到人类的殿堂级水平，再用数学研发量化交易系统，那么你一定对投资没有一点兴趣。如果让你学习塔勒布的"杠铃策略"，那么你需要拜读他的经济学五部曲，理解他抽象难度的哲学观，即便你已经是经济学家了也没用，因为他的思想大多数是批判传统的经济学思想，分享着他不一样的观点，我相信很多都会被挡在投资大门外。如果让你学习达利欧的"全天候策略"，那么你更是无法达到，因为达利欧对全球的经济推演和预测能力比美联储都精准。彼得·林奇最多持有 1 400 多只股票，有时一天交易达到上千次，谁会愿意去学这些复杂难懂的理念和策略？因此，"价值投资理念＋长期持有策略"才是最符合大众投资者心理的一种投资模型。

二是有巴菲特做背书。如果你敢怀疑"价值投资理念＋长期持有策略"的有效性，那么肯定会有人拿出巴菲特来举例。在巴菲特之外通过这种策略成功的人士非常多，大家也都乐于听这些成功的故事，因为大家都觉得自己就是下一个巴菲特。但遗憾的是，很少有人说这种策略的失败概率有多大，就算有人说这种策略会导致亏损，人们也会说这种人不懂价值投资，他买的股票没有价值，他对价值理解得不透彻。真实的世界变化无常，你以为你买的标的有价值，可因为你没有建立起自己的交易体系，也很难逃出"7 亏 2 平 1 赚"的"魔咒"。如果你持续保持现状，仍然迷信"价值投资理念＋长期持有策略"是万能的，那么，在 5 年、10 年后，你再打开账户的时候，通常会发现财富神话故事可能都是别人的故事，很多号称价值投资的基金经理在 2022 年的基金市场中栽了跟头。彼得·林奇的书中也写过一段，长期忠诚地持有一家家喻户晓的优秀公司 60 年，年化收益率不到 1%，可谓用一生的时间证明了价值投资的无效性，但是你再也没有机会了。

三是巴菲特善于公开宣传自己的成功理念，媒体也乐于借此来制造效应和热点。不能否定价值投资理念是一个非常好的理念，每个人都应该去学习和了解，以作为自身投资体系的一部分，同时长期持有策略也符合各方面的需要，所以，在二者共同的作用下，形成了一种主流的常识观点，营造出一种价值投资理念才是正派武学，其他投资理念都是左道旁门的假象。

"价值投资理念＋长期持有策略"是入门级的最好的投资模型，没有之一。为什么我视它为投资者亏损的本质呢？因为在过度的宣传下，大众投资者已经很难接受其他的理念和观点，无法形成多元化的思维模型来指导自己进行投资决策。而且任何一种投资策略都是无法持续战胜市场的，都需要很多配套的知识和理论来完善认知，单纯依靠这种投资模型无异于在大海中寻找方向，能找准正确方向的投资者少之又少。巴菲特说过：如果股价下跌一半，那么他会变得更好，因为他有几乎无限的现金流进行补仓和回购。股票价格下跌才是巴菲特最好的投资机会，但是普通人是不可能有源源不断的现金流进行补仓的。如果你能创造出这种条件，那么你的一生即使不投资金融市场也已经不平凡了。

巴菲特终究是巴菲特，在这个世界上不会再有第二个了。他更像一个伟大的企业家，通过企业创造源源不断的现金流来收购其他企业的股权，如此反复，他为自己缔造了一个传奇的投资人生。但是普通投资者既没有巴菲特的出身，也没有巴菲特的机遇，更重要的是，巴菲特式的投资并不一定完全适合普通人。毕竟普通人没有企业为自己创造源源不断的现金流，自身也很难创造永续的现金流，获得的信息也无法和巴菲特获得的信息相比。

我从没听说过普通投资者有通过简单复制巴菲特的投资模型成功的案例。普通人通过股票投资成功的案例非常多，但都不是简单复制巴菲特的投资模型成功的。任何一个伟大的投资者都是无法被复制的，走出适合和属于自己的投资之道才是战胜市场的唯一选择。

## 9.7　避免陷入"基金赚钱，基民不赚钱"的困境

近些年，公募基金的发展轰轰烈烈，其优秀的业绩吸引了大批的投资者，管理规模也迅速上升。截至 2022 年年初，过去三年中证偏股基金指数（930950）的复合年化收益率达到 20%。可是还有很多基民吐槽自己买基金不赚钱，甚至出现了亏损。"基金赚钱，基民不赚钱"这一顽疾究竟从何而来？

在讨论这个问题之前，先给大家讲讲两种收益率。一种收益率叫时间加

权收益率，基金净值的涨跌就是这种收益率；另一种收益率叫资金加权收益率，你是否赚钱主要依据这个收益率。

举一个简单的例子：你的初始投资只有 1 万元，前 4 天每天的收益率都是 1%，你对前 4 天的收益率很满意，于是又追加了 10 万元投资，但是很不幸，基金收益率在第 5 天跌了 1%。从基金的角度来讲，连涨 4 天 1%，只跌了 1 天 1%，很明显基金的表现很不错，收益率肯定是正的，这就是时间加权收益率。而对于你而言，在前 4 天上涨时，你的本金只投入了 1 万元，而在第 5 天下跌时，你总共投入了 11 万元本金，很明显是亏了，收益率肯定是负的，这个收益率就是资金加权收益率。

说完了这两种收益率，其实大家心里基本上已经明白了，买卖的时间点和买入的金额会让这两种收益率产生巨大的差异。基金赚钱，你不赚钱甚至亏钱的问题肯定出在了自己的操作上。

基民不赚钱，基金行业有没有责任？确切地说，他们并非无辜，有时他们只顾着自己的利益，而在对基民行为的引导上没有起到很好的作用。基金的销售一直是以产品为导向的，而对市场和客户的关心较少，所以，销售端喜欢给基民推新发基金、爆款基金，而且基金涨得越好，他们推得越猛。当然，这种销售方式符合基民的心理，基金销售正是利用了基民这种不专业的心理状态推波助澜的，永远卖那些被基民喜欢的基金，而不卖那些质量高的基金。同时，他们喜欢在好卖的时候卖基金，而不是在应该卖的时候卖基金。基金销售只关心能不能卖出去，基金公司只关心基金的规模能不能做上去，至于基民赚不赚钱，那是基民自己的事情。

还有一部分基金看起来似乎赚钱了，但实际上没赚钱，因为它们赚的是收益率，而亏的是收益。比如某基金在行情上涨前管理规模已经达到 10 亿元，在行情上涨中管理规模还在迅速上升，而在行情见顶时收益率达到 60%，管理规模也达到 100 亿元，接下来基金只跌了 20%，就把赚的钱全部还给市场，甚至还亏了很多。从表面上来看，该基金涨了 60%，跌了 20%，还剩了 40% 的收益率，而实际上整个基金却亏了很多钱，但是基金公司却在这个过程中收到了很多管理费，示意图如下图所示。

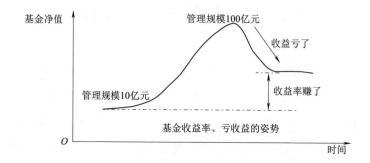

基金收益率、亏收益的姿势

不过，基金行业固然有责任，没有把客户的利益放在第一位，但是基金公司的的确确是控制不了基金现金流的，什么时候申购，什么时候赎回，全在基民自己手里掌控着，基金公司也有它的无奈。比如，在股市太疯狂时，到处都是资产泡沫，基金经理本不想继续购买股票，但是基民朋友们却把钱源源不断地往基金里送；而在股市低迷时，到处都是便宜货，基金经理看着这些股票眼馋，但无奈基民朋友们却把钱纷纷赎回，导致基金经理囊中羞涩。基金经理是想为基民赚钱的，但是基民并不配合。

基金的时间加权收益率肯定是有意义的，它体现了基金的能力，而基民如何利用基金的能力是摆在基民面前的一个难题。在"基金赚钱，基民不赚钱"面前，基民首先要做的不是怨天尤人，而是自我反思。下面总结了基民亏钱的几种情况，希望对你有所帮助。

- 第一种情况：高位买入。这类基民往往平时是不买基金的，也不关心股票市场，但是最近听到周围的人都在议论股市，很多人都赚钱了，于是头脑一热"杀"入市场，示意图如下图所示。

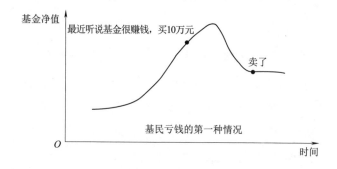

基民亏钱的第一种情况

- 第二种情况：追涨杀跌，高位补仓。上涨是风险积累的过程，下跌是风险释放的过程，但是很多人都做反了，不是越涨越害怕，而是越涨越有信心、越涨越敢买，最后高位补重仓，将大量资金买在了顶点，示意图如下图所示。

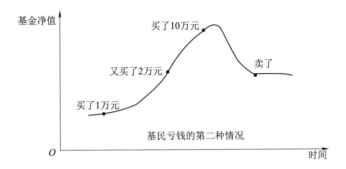

基民亏钱的第二种情况

- 第三种情况：卖得太早，回马枪再杀入。这类基民是谨慎与纠结的结合体，他们喜欢见好就收，设置止盈点，他们往往在行情上涨的初期就卖出止盈了，因为他们认为这是震荡市，波动是常态，等着回调后再买入。可是天不遂人愿，市场并没有回调，而是接着涨，终于有一天他们如梦初醒，大呼道："这原来是牛市啊？"于是一个回马枪又杀入了市场，结果买在了高点。

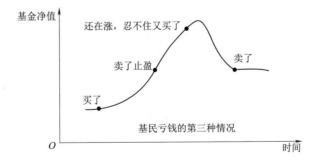

基民亏钱的第三种情况

- 第四种情况：朝秦暮楚，喜新厌旧。这类基民喜欢追爆款，他们总觉得自己手里的这只基金涨得慢，所以看到过去一段时间涨得快的基金，就把手里这只基金卖掉，换成涨得快的基金。往往等换到手里后，发现又不涨了，而刚刚扔掉的那只基金反而涨了很多。因为市场是有风格切换的，风格是追不上的。除了朝秦暮楚，还有一些基民喜欢"赎旧买新"，总觉得新发基金比较有潜力，而抛弃了得到市场验证的老基金。

- 第五种情况：把基金当股票炒，持有时间过短。基金申购、赎回的交易费用很高，频繁地进行交易会积少成多，极大地侵蚀基金的收益。

大家投资基金一定要不断地学习，只有看得懂，才能守得住，否则风险很大。